刘玉平

著

寻找父亲

——刘光典烈士的

红色足迹

人民出版社

责任编辑:侯俊智
装帧设计:汪　阳
责任校对:黎　冉

图书在版编目(CIP)数据

寻找父亲:刘光典烈士的红色足迹/刘玉平 著. —北京:人民出版社,2019.4
　(2025.10 重印)
ISBN 978－7－01－020639－4

Ⅰ.①寻…　Ⅱ.①刘…　Ⅲ.①刘光典(1922—1959)–生平事迹
　Ⅳ.①K827＝7

中国版本图书馆 CIP 数据核字(2019)第 061412 号

寻找父亲
XUNZHAO FUQIN
——刘光典烈士的红色足迹

刘玉平　著

人民出版社 出版发行
(100706　北京市东城区隆福寺街 99 号)

中煤(北京)印务有限公司印刷　新华书店经销

2019 年 4 月第 1 版　2025 年 10 月北京第 6 次印刷
开本:880 毫米×1230 毫米 1/32　印张:8.25
字数:170 千字

ISBN 978－7－01－020639－4　定价:38.00 元

邮购地址 100706　北京市东城区隆福寺街 99 号
人民东方图书销售中心　电话 (010)65250042　65289539

献给敬爱的父亲刘光典百年诞辰

（1922—2022）

为祖国统一捐躯的中共在台隐蔽战线的英雄们 　　（王金安绘）

　　为了台湾的解放、祖国的统一,中共中央社会部交通员刘光典奉命以商人身份为掩护,分别于 1949 年 10 月 25 日和 1950 年 1 月 6 日,两次赴国民党反动集团白色恐怖统治下的台湾执行任务。　　（王金安绘）

　　1950年初,由于中共台湾省工作委员会书记蔡孝乾叛变,包括吴石、朱枫、陈宝仓、聂曦在内的一千一百余名中共在台隐蔽战线人员被捕牺牲。

(王金安绘)

在关键时刻,刘光典逃脱了敌人的抓捕。面对严峻的形势,他决心
与敌人继续斗争。

（王金安绘）

　　刘光典与台湾籍战友王耀东在极其艰苦的条件下，坚持革命信仰，对党和革命事业无限忠诚，在台湾南部原始山林中掘地为穴，坚持斗争长达四年之久。

（王金安绘）

　　1954 年 2 月 13 日,由于叛徒出卖,刘光典和王耀东不幸被捕。刘光典被捕后坚决不投降,国民党特务机构造谣他已叛变。刘光典被敌人关押五年后,国民党军事法庭判处他死刑,蒋介石亲自批准了判决。

(王金安绘)

　　1959年2月4日凌晨，刘光典面对即将到来的牺牲，大义凛然，毫无惧色。刘光典烈士的英雄精神永存。

（王金安绘）

今天,在以习近平同志为核心的党中央的关怀下,在台牺牲烈士的英灵安息在北京西山无名英雄纪念广场。 （王金安绘）

序

龙 一

刘光典先生的事迹，我以往只是略有耳闻，今年才在网络中看到些零星的材料。不想，今日有幸结识光典先生的公子，看到了许多来自台湾地区的切实材料，方才对光典先生有了一个较为完整的印象。

我学习小说创作之前，曾研究中国革命史，主要的研究对象就是在城市中从事地下工作的普通革命者。随着资料的积累和研究的深入，我发现，像光典先生这样的数以万计的地下工作者，其实都是普通人，他们寄身于各行各业，出身、经历千差万别，可以说，今天社会生活中有什么样的人，当年的地下工作者中就有什么样的同志。于是，以往文艺作品中"超现实的英雄形象"在我的头脑中崩散了，代之以一个个出入于红尘之间，在危机和困苦中奋力挣扎的"真实的人"。他们之所以被称为英雄，既因为他们坚强的信念、崇高的信仰，也因为在为伟大理想努力工作的同时，他们仍需要经受每一个普通人都必须得经受的生存、家庭、健康、人情世故、社会关系所带来的困扰与折磨。

他们是幸福的人，因为他们可以为了信仰抛弃一切，豪迈地牺牲生命；他们也是不幸的人，因为他们深沉的道德和丰富的情感必定会将他们拉回到家人、同志、朋友和敌人身边。他们是坚强的人，可以耐住酷刑、寂寞和误解；他们也是软弱的人，在内心深处，必定充满了对亲人的愧疚……我相信，光典先生就应该是这样的一个人、一个勇士、一个有信仰的英雄，同时他也是儿子、丈夫、父亲和朋友。

读过有关光典先生的材料之后，我能想象得到，在他被叛徒出卖，逃入台湾深山的那几年，他应该有时间回顾自己的半生经历，应该回忆起仍在大陆的太太和三个儿女。然而，他虽然有时间回忆一切，但他的工作却严禁他记录下这一切。

今天，光典先生的公子刘玉平先生历时十年，奔波于大陆与台湾之间，取得了大量难得一见的珍贵资料，并完成了《寻找父亲》一书。这是一个儿子在找寻父亲的踪迹，他在努力拼凑起一个完整的父亲的形象；同时，这也是一个共产党员的儿子对另一个共产党员表达的崇高敬意，通过文学作品将先烈的尊严和荣耀传达给今天的人们。

本人寡闻浅识，就目力所及，揣测这部作品应该是第一部反映深入台湾地区的中共地下工作者生活的文学作品，且内容翔实，生动有趣，填补了文学作品在这一题材上的空白。希望这部作品能够引起年轻人的兴趣，因为，他们应该能从光典先生这些英雄人物身上找到他们一直在找寻的东西。

目　录

一、爸爸到哪里去了

1. 不断闪现的问号

辽沈战役打响之前，我的父亲刘光典，以沈阳太原街福生西药房老板的身份，在东北沈阳做着医药生意。其实，那时父亲一方面经营医药生意，用赚来的钱做革命经费；一方面从事中共隐蔽战线工作，为当时的东北解放军传递各种军事情报。1948年1月14日，我就出生在沈阳的这个中共情报站里。在我呱呱落地之时，父亲当时可能认为战争即将胜利，和平就要实现，因而给我起名叫小平，大名叫刘玉平。这和哥哥出生于1945年，抗日战争即将胜利，因而给他取名小胜、大名叫刘玉胜是一样的道理。而姐姐生于1943年，名字叫小芳，大名叫刘玉芳。之所以取此名，可能另有寓意，但我却无从判断，不知其中寓意。以后，随着解放战争的进展，我们全家来到了北京。

自1949年5月起，我就再也没有见过我的父亲。看到别的孩子家里都有一位或严肃可敬、或慈祥可爱的爸爸，我

父亲与母亲的结婚照

家却没有。我还记得，大概是在我逐渐脱离懵懂状况的四五岁时，有一次好奇地问妈妈："爸爸在哪里？怎么总不见他回来？"妈妈回答："要等全国解放后，爸爸就回来了。孩子，以后别再问了。"现在回想当初，其实那时并不明白全国解放的含义，大一些后，我才渐渐明白，那个尚未解放的地方，当指祖国宝岛台湾及周边岛屿。爸爸哪里去了？他难道去了台湾？他以什么身份去了台湾？他何年何月何日去了台湾？他到那里去做什么？他什么时候才能回来？他回来与全国解放有什么关联？这一连串的问题，不断在我头脑中闪现。

不久，我家发生了一件大事。这件事让我刻骨铭心，至今念念不忘。

2. 母亲病故成孤儿

据姐姐讲，我们于 1948 年下半年，在妈妈的带领下，一母、一女、两子共四口人，从沈阳坐飞机来到北平。那时，不大的飞机降落在北平东单机场，这个机场如今变成了东单公园和东单体育场。下飞机后，我们住在崇文门附近的一个叫豆腐巷的地方，后来又搬到西单辟才胡同，最后落脚在东四钱粮胡同南花园 14 号。南花园北口路口东是一座西式二层小楼，据说住的是北京市公安局长谭政文，新中国成立后，我家到离此处一百多米东北方向的钱粮胡同 30 号一个较大四合院里；斜对面住的是赫赫有名的刘伯承。但是那时我太小，根本没有印象，也不知道具体于何时、从何地来到北平。为了搞清这些情况，2008 年我在原北京市人民政府公安局内三局第六派出所，即现在的北京景山派出所的原有登记资料上，查到了如下记载：

刘光典，曾用名刘鸿梁，出生：1918 年 12 月 1 日。文化程度：北平辅仁大学政治经济系四年毕业。籍贯：山东莱阳县。另居住地：上海。

王素莲，出生：1923 年 4 月 5 日。文化程度：山海关简易师范二年。籍贯：河北唐山。汉族。

另有记载：

有配偶，无业，生活来源：以政府补贴。另外，三个子女分别为：小芳、小胜、小平。

父亲小像（摄于 1942 年北平）

我同时看到，在此页左边页的空白处，用毛笔写有：

> 1948年7月自沈阳迁来。沈阳市和平区太原街31号福生西药房。

在此页的右边页空白处写有：

> 1950年4月18日从南花园14号迁来。

户口上还登记有一人，名字叫刘国春，男，36岁，1950年10月来京，原为沈阳车站售票员。

另外登记有：

> 宋瑞华，女，23岁，1953年2月至1954年7月，河北平乡。梁凤其，河北通县，帮忙。1953年5月23日。……

多亏了档案记载的如此详细，使我知道了我家当时是靠政府补贴维持生活。能得到政府补贴，说明家庭情况特殊，原因应在于父亲的情况决定的。就这样，我基本搞清了父亲和我们全家人最初是于1948年7月从东北沈阳来到北平。搞清了我家里都有什么人，也证实了父亲是大学生，做的工作是药品生意。新中国成立前能坐飞机，无疑是有钱人家。自我能记事起，我们住在北京钱粮胡同，那时生活无忧无虑，家里有贴着美丽花纹、带穿衣镜的大衣柜。柜里挂着父亲的裘皮大衣、母亲的丝绸旗袍。桌子上摆着手摇式留声机，抽屉里有德国造小孔成像照相机，还有一些小金块、鹿茸等，那是爸爸留下的物件。

记得不太大但也不算小的院子里有桑树、杏树等。春夏之际，紫色的桑葚、不大的酸杏，都是孩子们的美味佳肴。我们院子对面是个大院，那是刘伯承元帅的家。另外，在我的记忆中，除每月会有穿军装的叔叔、阿姨来家中看望外，每到过年，他们更是买了各种年货来家中拜年。我记得最清楚的是一种叫杂拌儿的北京风味食品，里面有果脯、山楂条、蜜饯等。还有一种叫小人酥的糖果，妈妈、姥姥特别喜欢。印象极深的是一次"六一"儿童节时，叔叔、阿姨带我们去北海玩，划船后去吃饭，我吃了松软香甜的黄色蛋糕，又喝了一种味道特别的甜味饮料后，却醉倒在北海白塔上。原来我喝的是香槟，虽然只喝了一小杯，却被闹得不省人事，后来才知道是天生酒精过敏，从此我再也不敢沾任何酒类。

但是，对于母亲王素莲来讲，有着严重的心脏病26岁的她，心情是急切的盼望自己丈夫早日完成任务回家，而且时刻牵挂着丈夫的安危。虽然这样，她有着一颗爱心。当时，院子里还住着一位姓刘的著名中医，他家里的一个外甥女姓孙，从大连来到北京投奔舅舅。但是，舅舅由于成家，顾不上管外甥女，姓孙的女孩子生活方面遇到了困难。有一天，母亲王素莲看到她在哭，就问她怎么了？姓孙的女孩子跟王素莲讲，没人照顾我，生活有难处。王素莲怀着一颗爱心跟她讲：我来照顾你。就这样，这个孩子在母亲

我们姐弟三人与照顾人员在钱粮胡同住处（摄于 1953 年）

的照顾下，在北京读书，逐渐长大、成家，后来和孙家失去
了联系。几十年之后的 2014 年，这个姓孙的女士已经 80 多
岁，偶然在《北京日报》上看到了关于刘光典家的事迹介
绍。这时候她才知道，刘光典的后代还在北京。孙女士立刻
让在故宫博物院做专家的女儿殷安妮女士去寻找刘光典的后
代。辗转一段时间，终于找到了我。有一天，我们两个人在
北京美术馆的一个咖啡厅里会面，殷安妮女士含着眼泪表达
了母亲对王素莲的谢意。有时事情就会这么巧，随着时光的
流逝，往事会浮出水面。

　　母亲带着我们三个孩子好不容易等过了一、两年，王素

莲让姐姐去买各种报纸，每天不断的买来翻看，去找一个叫刘芳的人登出的寻人启事，但是怎么也找不到。我年纪小，根本不知道那个刘芳是什么人，为什么要登出寻人启事，找的又是什么人。母亲只好继续等待，一等就是漫长的五年。那个时候，我家没有什么朋友，家中也没有娱乐、电视之类。在漫长的等待的五年中，冬天大雪纷飞，北风呼号；夏天雷鸣电闪，大雨如注。在那漫长的恶劣的夜晚，母亲身边没有丈夫的关爱。她多次幻想，门突然被打开，一个高大的身影推门而入，丈夫终于回来了，但这只是幻想。然而，在漫长的五年等待后，丈夫不但没回来，家里却来了两个公安人员，向王素莲索要刘光典的照片。然而，不久以后的1954年早春，不知什么原因，我们从钱粮胡同搬到了北新桥王大人胡同观音寺21号。这个院子与钱粮胡同的四合院相比差别很大。新住处院落窄小，房屋破旧，仅有两户。邻居是有些名气的京剧界人士何金海。好在邻居在小院里种了夹竹桃、石榴、无花果等花木。加上院子里有两棵大枣树，虽说枣熟之后，大部分会被房东收走，但仍有一些漏网之物，权当解馋。这枣远近闻名，真是少有的优良品种，初秋刚成熟时，个儿大、白中稍红、甜中带微酸，肉极脆，无虫害。到秋末冬初，挂在树枝尖上的个儿小一些的枣，此时变得通红，被秋风吹落到地面，捡起来放到口中，又别有一番风味，那时会甜得让你感到齁嗓子。但是到了这时，不知何故，家中不再像以前那样了，变得少有人光顾，生活也日渐困难。

我们什么时间、为什么从钱粮胡同搬到北新桥？我在北新桥派出所查到当时的户籍登记簿上有如下记录：

　　户主刘光典，曾用名刘鸿梁。出生：1918 年 12 月
1 日。文化程度：北平辅仁大学政治经济系四年毕业。
籍贯：山东莱阳县。

另有登记内容：

　　配偶王素莲，出生：1923 年 4 月 5 日。文化程度：
山海关简易师范二年。籍贯：河北唐山。无业，靠丈夫
收入度日，汉族。

三个子女的名字分别为：

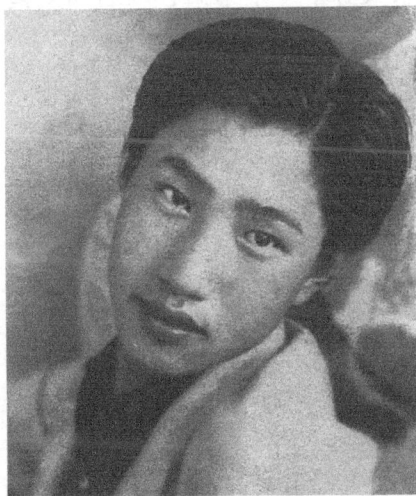

父亲婚前小影

小芳、小胜、小平。大名为刘玉芳、刘玉胜、刘玉平。

友，李颖达，医师，工作单位，东单联合医院，哈尔滨医大毕业，原籍吉林长岭。

妹妹王桂兰，河北徐水四区梁义庄村，女，21岁，1933年9月21日出生。

除此以外没有任何其他情况记录，在北新桥居住期间，由于母亲心脏病发作而几次住院，我曾住过东单苏州胡同伯父王希孔家。伯父姓王，原因在于奶奶早年嫁给姓王的爷爷，后生下伯父，取名王希孔，在伯父10岁时，姓王的爷爷去世。后来，奶奶又改嫁姓刘的爷爷，婚后，奶奶生下父亲，给他取名叫刘鸿梁，后来父亲把自己的名字改为刘光典。不久，父亲又有了一个弟弟，取名叫刘鸿柱。但伯父一

母亲婚前小影
（19岁，摄于1942年）

直没有改名换姓，仍叫原名王希孔。伯父也是住在东单附近的一座四合院里，条件比北新桥的稍好一些，院内也是花砖铺地，但缺少了花木。

在伯父家没住太久，我又到了位于通州西门路南，紧靠马路边的一个院落的姥姥家住下来。记得当时称通州，在京东四十里，姥姥家仍是个四合院，姥爷在铁路上工作，平时上班不在家，舅舅王紫升于北平和平解放后参加了解放军，这时也不在家。姥姥家的后院有一小块菜地，当时种的是小水萝卜，院里有一棵小杏树，记得上面挂着几个小青杏，又酸又涩，把被风吹落在地的一个青杏放在口中，能品味上大半天。我在姥姥家里住了一段时间后，又回到了北新桥，临走姥姥对我说："姥姥家的狗，吃了就走。以后想姥姥了再来。"同时，还让带上几个点了红点的豆包。当时为什么东住西住呢？原因在于亲戚家都不富裕，谁也养不起我这个能吃不能干的半大小子，因此只好在各处打游击。

六岁的我在家照顾妈妈。那个时候，母亲承受着巨大的政治压力和身体上的痛苦，终日卧床不起。每天我要给母亲喂三次非常难闻的药水和药片，母亲咬牙吞下这些苦药。中午一顿饭由我来做，医生嘱咐不能吃盐，做的是白斋，就是用白水煮点儿粥，有的时候给母亲煮上一个鸡蛋。这个时候的妈妈没有胃口吃饭，我就用小勺喂她，劝她吃一些。刚刚6岁的我已经懂事，在我的印象里，妈妈虽然承受着巨大的政治压力和身体上的痛苦，但是她从来不唉声叹气，从不埋怨党和国家。更不抱怨自己的丈夫，说本来我们可以过上幸福生活，却被扔到这里没人管。后来我才理解，这就是中共隐蔽战线战士的家风，有苦不说，有怨不抱，有气不撒，有困难咬牙坚持。有荣誉不去争，父亲没有军职，没有军衔，更没有各种奖章。只有一颗对党、对祖国、对人民、对革命事业的赤胆忠心。他没有给我们留下一砖一瓦、一分一厘，但给我们留下了无尽的精神财富。

虽然此时妈妈身体不好，但妈妈有时躺在床上，用枕头支撑着身体，用一只旧笔练习写字。她常叨念："我病好了还要去工作，要练好写字的基本功。"然而，妈妈的愿望始终没能实现。

后来，妈妈的身体进一步恶化，于1955年下半年住进了崇文门附近的北京同仁医院。一天姐姐去看望妈妈，妈妈对姐姐说："天马上凉了，可你们的过冬棉衣还没准备好。唉，都是我不争气，太不够当妈的资格了!"姐姐听后，怕妈妈难过，马上对妈妈说："妈，您心脏不好，爸爸又不在，您一个人把我们养这么大，太不容易了，怎么不够格，您是世上最合格的妈了。"姐姐关心地问道："妈，您想吃点什么？我去给您买。"妈妈很艰难地答："这几天一直不想吃东西，浑身没力气。我最想吃点鸭广梨，又甜又软，水还多。"姐姐听说后，立刻出去给妈妈买了两个熟透了的鸭广梨，然后一口一口地喂妈妈，但妈妈勉强吃了几口，就无力地躺在床上了，她让姐姐把剩下的梨带回家给我和可哥吃。

几天后，我们姐弟三人去同仁医院看妈妈。那是在1955年国庆节后，医生已不让我们进病房，我们三个孩子手牵手依次从玻璃窗前走过。我看见妈妈无力地躺在床上，黑发散乱地落在枕头上，脸色煞白，嘴唇黑紫，身上扎着输液的针头。我们静静地走过，心中升起惧怕的感觉。那是我们最后一次见到妈妈，我似乎看见妈妈微闭的眼角滚下了几滴泪珠。妈妈此时在想什么？她是怎样度过这人生的最后旅程的？妈妈实在很年轻，但她再也坚持不下去了。1955年10月18日，终因心脏病恶化，病逝在北京同仁医院，年仅32岁。她在有限的生命中，克服各种困难，以她虚弱的病体，支撑着一位中共隐蔽战线战士的家，把我们逐渐养大。

我们三个孩子还小，在送葬时，是姥爷跟着一辆只能拉一口棺材却坐不下人的马车，马车上面放着装殓着妈妈的棺材。姥爷从崇文门走到北新桥，再向西拐到交道口，然后向北到安定门城楼。我们三个孩子站在城门外，只觉得北风呼呼地吹，眼中含着泪，在风中为妈妈送灵。我们看着姥爷一步一步跟着拉着妈妈棺材的马车向北走去，直到消失在远方。那时，我还不太懂什么是幼年丧母、白发人送黑发人的悲哀。妈妈去世后，被埋葬在叫苇子坑的北京北郊墓场。后来，我们三个孩子四散而去，不知墓场何时被平，致使妈妈的遗骨不知去向。妈妈去世时刚刚32岁，她的生命应该还有很长的时间，但她却带着一个东方贤惠女子的姣好容貌，带着思念丈夫、关心子女的一颗伤痛、忧郁的心，离开了丈夫、孩子和这个世界。

其实妈妈同样是一名平凡而伟大的女性，为了台湾的解放，祖国的统一，献出了年轻的生命。我们会永远的怀念母亲。因为她不但给了我们身体，还给了我们热爱党和国家的信仰，给了我们不怕苦，不怕难的坚强性格。现在看来，妈妈也是为了台湾的解放、祖国的统一献出了年轻的生命，她是一名平凡而伟大的东方女性，我们会永远记住这位拖着重病，养育了我们姐弟三人，默默站在身后坚定支持父亲从事革命工作一位鲜为人知的母亲。

3. 少小不知愁滋味

在妈妈去世后不久的 1955 年 11 月，家中只剩下三个未成年的孩子，大人们商议如何安置这三个孤儿。要说是孤儿也十分恰当，爸爸在我 1 岁多的 1949 年 4 月离家而去；妈妈在我 7 岁过后不久撒手人寰。我的确是一个 1 岁多没爹、7 岁多没娘的孤儿。于是有人提出送我们三个孩子去孤儿院，但家里的亲戚认为这样做不合适，理由是孩子们有姥爷、姥姥，有大爷、大妈，谈不上是孤儿，不能把三个孩子送孤儿院。大家商议的结果是，各方有钱出点儿钱，有力出些力，把三个孩子凑合养大。组织上派来的叔叔、阿姨，最后同意了大家的意见。于是，我们姐弟三人没去孤儿院，继续住在北新桥那间十几平方米的东屋里。但此时家中已是四壁空空，屋中放着几张四腿长条凳，凳子上并排摆放几块长条木板，这就是睡觉用的床。木板上面铺着薄褥子，床上两条被子，姐姐、哥哥和我便睡在这样的床上。那时，姐姐 12 岁，哥哥 10 岁，我 7 岁。春、夏、秋还算好过，印象最深的当属三九天，由于屋子里不生取暖的炉子，更没有取暖器，屋里屋外一个温度。有时下雪，西北风夹着雪花，透过没有糊好窗户纸的破窗子飞进屋内。那时可说家没有家样，三个孩子一天到晚在艰难中生活。1956 年前后，我家里来了个五十几岁的老太太，说是给我们请来的保姆，为的是照顾三个孩子的生活。家里来了保姆，生活自然好多了，起码一天三餐，能吃上热菜热饭。当时给我留下印象最深的是，过年时她给我们做白米饭就猪肉熬大白菜外加粉丝，我觉得那是最好吃的美味佳肴，使我至今都对此道菜回味不止。

大约过了一两年，这个保姆便离我家而去。在那种情况下，家里为何突然来了个保姆，又为何突然而去，我们不知其中原因，也没有太在意这件事。保姆走了以后，我又过上了不正常的生活。有时在街道食堂吃饭，有时在学校入伙。我记得很清楚，小学时在学校吃一顿午餐，一个月的伙食费大约在三四元钱。

有一次过年给我留下的印象特别深，大约是 1960 年前后，那时每到春节，在和平门附近都要设立叫作厂甸的集市，集市上出售空竹、糖葫芦等各种玩具和小吃，还有各种表演，这自然是孩子们的乐园。一天下午，我从北新桥步行到和平门，大约走了两个小时，来到了厂甸。我在集市上挑来挑去，花了仅有的 5 分钱，买了一包油炸虾片，然后步行回家。我记得纸包中有五六片虾片，我一路走一路细嚼慢咽，还没有到家便把几片虾片吃光了。由于纸包仍散发着油炸虾片的味道，我拿着空纸包舍不得扔掉，最后索性把浸着油、散发着香味的纸包也嚼着吃掉了。

更难忘的是，我饿了的时候，曾经吃过白菜根里中间的部分。用牙啃着这个部位，有些微微发甜，略微嚼几下，便吃入肚中。上小学时，我也有过向同班同学讨要食物的经历。

最让我终生难忘的是小学那位年轻女教师，见我有时向同学要吃的，便招呼我去为她买早点。出了大二条胡同西口就是安定门内大街，街上有卖各种小吃的小店，几分钱就可以买一个沾满芝麻的烧饼。我用一张纸包着香喷喷的烧饼向学校走，那焦黄的烧饼散发着难以抵御的香味，我控制不住自己，便揭下一小片烧饼上的香脆的外皮放入口中，很快便将多半个烧饼的外皮吃掉了。见此现象，老师也不说什么，有时还掰一块烧饼给我。以后我才知道，这是老师为了能让我吃上点儿东西，有意让我去为她买早点。我儿时的生活就在这样的状态中，一天天地过去了。

后来，姐姐考上了北京女二中，这是北京有名的难考的女子学校。那时候正赶上三年自然灾害，我和哥哥的粮票不够用，姐姐在学校入伙，她总是把一半晚饭带回来让我们吃。哥哥考上了北京男五中，这也是北京很难上的男子中学。再后来，姐姐、哥哥先后上了大学，住到了学校里。我也考上了北京男五中，初中毕业后，我又考上了北京二十二中。从1965年开始，我基本上一直一个人住在这里，其间有个军委外事局局长的亲戚叫陈宗的来这里住过。

虽然如此，少小时的我却没有太多的愁滋味。那时虽然居所破旧，但周围环境却充满了梦幻般的乐趣。先说我的住地北新桥。传说北京原为一片汪洋，后来，不知是哪方英雄制服了龙王，将它锁在了北新桥东北角的一口深井中，从此北京才成为一片陆地。龙王被锁时问英雄它什么时候可以出来，英雄回答："等北新桥旧了，你就可以出来了。"但北新桥总也不变旧，龙王只好永远蹲在井中。我亲眼见过，所谓海眼所在地，建有一座关帝庙，庙内有一尊非常威武的关公塑像，他的左边站着周仓，为的是镇住龙王。后来小庙被拆，建成了一个百货商店。

出家门沿不宽的路向北再向西，再向北，再向西，出胡同口就到了北新桥北街，向北走上几十米，就到了藏传佛教圣地雍和宫。这里一年四季晨钟暮鼓，烟云缥缈，诵经声不断。特别是到了阴历二月二龙抬头之时，这里都会举办被称为打鬼的藏传佛教大法会。大法会上，群英齐舞，法鼓阵阵、法号齐鸣。七天之后，在各路英雄押送下，一个代表邪恶的用酥油面做成头、手、足的偶像，在冲天的鼓号声中被投入烈火中焚毁。这个驱除邪恶、迎来吉祥的仪式，吸引了各国驻华使馆的人员、来自全国各地的善男信女及外国来宾驻足观望。

雍和宫西南门的对面便是国子监胡同，这里是清代大学府，当时是北京首都图书馆。这是一条东西走向的马路，离东口不远立着一座大石碑，上刻"官员行人等到此下马"字样，胡同北面有两座大建筑，里面松柏常青，门庭肃静，一片书香门第氛围。从国子监东口出来，过了马路便是藏经馆胡同，再向东，就到了一处佛家重地柏林寺。柏林寺建于元，盛于明清。民国及新中国成立后，这里仍然香火不断。抗日英烈赵登禹牺牲后，曾在此庙内停灵。这座庙宇十分雄伟壮阔，四进院的最北头是大雄宝殿，但终日紧闭大门，也不见有人进出大殿，更听不到僧人的诵经之声。

再稍向北走不多远，就到了北城墙下。这里没有城门，只是在城墙上拆开一个口，为的是方便人员、车马出入行走。出了城，下一个斜坡，踏着水中的大石块，就过了护城河，这里已是京城郊外。走不远又到了清代皇帝祭祀之重要场所——地坛，地坛在四周高墙护卫下，方方正正地置于京北。地坛经过岁月的磨难，在辛亥革命后日渐衰落，1925年对外开放，1928年改称市民公园。那时军阀混战，民不聊生，谁有心思到这地处荒郊的地方闲逛？新中国成立后，经过清理、修缮、绿化，建成地坛公园。另外，广阔的地坛中心，是用汉白玉雕的立柱与横梁组成的重要的祭祀场所，经过清洗，分外庄严。这里更是我们幼年时的理想乐园。那时，地坛灰砖围墙外是一片麦地，地里一片绿油油的麦田，六、七月时麦田里已长满了沉甸甸的麦穗。我甚至在麦田里偷摘过即将成熟的麦穗，回到家中用火烤着吃。这种麦穗经火烤后，散发出一种清香、微甜的特殊香味，让人久久不能忘怀。

麦田的西面则是一片墓地，这自然成了我们孩子逮蛐蛐、捉迷藏的理想境地。我和几个小朋友竟敢在晚上近十点钟到这里逮蛐蛐，因为人们都说坟地里的蛐蛐十分厉害。但给我印象极深的却是这里住着的一位50岁上下的妇女，每当我们稍一靠近她的住房，她就会出来对我们大声呵斥，直至将我们轰离她的住处方才罢休。另外，盛夏时节，这里的高大树木上总有蝉鸣不断，我们用竿头上蘸有沥青的长竹竿去粘它们，被捉住的鸣蝉扑扇着翅膀无奈地在竹竿上嚎叫，老老实实地被孩子们用苇叶包上带回。

那时充满趣味的是每年的五一国际劳动节和十一国庆节，一到这两个节日，我们几个孩子趁天还没亮，一大早便来到天安门一带看游行。那时组织者管得不严，孩子们可以在游行开始前，来到天安门城楼正前方，在广场上的军乐队方阵中行走观看。待游行开始，便在路边找个地方，观看军队受阅及五花八门的游行队伍。待游行队伍过去以后，我们几个孩子回家吃饭。到下午四五点钟，我们又向天安门广场进发，去观看晚会和烟花。晚上，天安门广场华灯初放，悠扬的乐曲在空中回响，广场内是由工厂职工、大中学校学生、解放军等围成的人圈，人们在欢快的乐曲中翩翩起舞、表演各种节目。

到了晚八时左右，美丽的礼花从广场东、南、西三个地方腾空而起，把广场照得如同白昼。当时，我们几个小伙伴能对天上的礼花叫出名字，其中有万紫千红、金色麦穗、百鸟闹林、串红、串白等。只要天空中出现一串串的红灯，那就必定会有降落伞飘下，此时，就有可能捡到丝绸制成的一二平方米大小的降落伞。但真的能捡到也十分不易。记得有一次，一个降落伞落在了电车电线上，我竟然用弹弓打了下来，从而得到了一个非常难得的降落伞，这也是唯一的一次。那时，天安门广场南边的一段城墙还没有拆，我们甚至还能爬上城墙去看烟花。站在城墙上向天安门广场望去，广场内是火树银花，一片充满欢乐的海洋。烟花一般会放三次，每次十五分钟左右，烟花过后，探明灯灯柱便被打上天空，灯柱有时在天空晃动，有时一动不动地交叉在一起，形成一把大伞罩在蓝色的天幕上，另有一番景色。

那时能够捡到一个降落伞十分难得，但是，在地上捡拾没有燃烧过的礼花火药却是非常容易的。一阵轰隆隆的响声之后，一片暗红色的如同蝌蚪一样的火星拖着尾巴飞上天空，这就是被送上天的点燃后的礼花弹，接着就是一片五颜六色的烟花在空中绽放，然后才听到阵阵雷鸣般的礼花弹爆炸声。当烟花的色彩及声响消失后，天上下雨般地掉下破碎了的礼花弹的硬纸外壳，一个个黑色的圆柱体，这就是没有燃烧完的礼花火药。于是我们便将它们拾起来放在衣服兜中，待新年或春节的夜晚再点燃，那时的小院中自然会增添五颜六色的烟花和孩子们的欢声笑语。

除此之外，那时的北京，各个地区都有"少年之家"或"少年儿童活动站"。我自一年级后，由于家里父母已不在身边，姐姐、哥哥上学，我相对清闲，就到离家不远的安定门门内车辇店胡同"少年之家"参加各种活动小组。我记得先参加书画小组，那时讲课老师除一般的辅导员外，有时还会请非常有名的画家来授课。有一次，著名画家马晋来这里讲授如何画马，他拿出的示范图都是马的四蹄落地站在草地上，而我看到的马总有一只后蹄翘起来站立在那里。下课后，我来到辅导员休息室，向马晋大师发问，为什么马老师画的马没有翘蹄的？马晋大师听后哈哈大笑，说："小同学你观察得真仔细。我画的马里也有翘蹄子的，只不过你没见过，好，很好，画画就是要仔细观察。"

在这里，我还学习到了篆刻的基本知识。不久以后，我又报名参加了航空模型制作小组，从制作橡皮筋弹射动力飞机，一直到制作牵引式发动机模型飞机。再后来去报考北京少年宫航模小组，由于不合格，没有被录取，就此放弃了航模小组，改换到歌咏小组。记得那时有个集体诗朗诵，是歌颂保护集体财产，与偷窃海椒的坏人斗争而献身的小英雄刘文学的，我在表演中担任领诵。

1958年那年，舅舅从上海警备司令部转业回到北京，暂时住在北新桥我们家中。舅舅身高一米八五，非常英俊。新中国成立后，他曾在上海警备司令部服役。由于身体素质优秀，他曾是110米跨栏运动员，在全军运动会上获得优异成绩，还曾拍过教学影片，任主要演员。舅舅一直习武，并研习密宗藏传佛教。他转业回到北京后仍放不下习武，每天早起带我到地坛体育场跑步锻炼，结果使我在长、短跑上打下了基础。有时还见舅舅在松林中迎着刚升起的太阳练功，此时我要赶紧到学校上学，好在离大二条小学不远。

儿时的这种生活虽然充满快乐，但总不能代替生活中的所有困惑和烦恼。特别是50年代末60年代初"三年自然灾害"时，我正上小学六年级，那时粮票不够，又过上了苦不堪言的生活。但我以市级三好学生的资格，考上了北京重点北京男五中。在这所学校里，受同学影响，我喜欢上了集邮。记得我在北京男五中读书时，家中来了个姓刘的叔叔，对我们很是关照。他看到我们家中的凄惨情况，向组织汇报后，采取了一些改善生活的措施。记得有一次家中的电线断了，我站在凳子上去接电线，结果被电击倒在地，刘叔叔知道后，马上请单位的电工来接好了电线。

以后，随着年龄增长和身体成长，我于1964年考入北京第二十二中。这一年，父亲离家已经十五年。十五年过去了，我们始终没有搞清父亲的具体情况。为了能挣些钱，我曾在暑期到北京巨山农场勤工俭学。一次挣了五元多并买了个足球，与同学们一起玩。高中一年级的生活、学习很快又过去了，到 1965 年 10 月，我成了一名高中二年级学生，这一年，距母亲去世已有十年。时间真是似箭，转眼我已成为一名青年，在这十几年中，我初尝了人生的酸甜苦辣与世态炎凉。姐姐于 1960 年考上北京师范学院，毕业后被分到北京远郊丰台区郭公庄中学。如果父亲不走，留在北京，姐姐或许会被分到市内或机关工作。哥哥于 1965 年考上河北农业大学林业系，后来在"文化大革命"中被分配到河北省邯郸地区肥乡县农村工作。

到了 1966 年夏天，"文化大革命"运动在全国范围内发动。我同所有知识青年一样，由于不同的出身、社会关系、社会地位及立场，怀着不同的心态，经历了不同的历程，度过了几百个日日夜夜。听到、看到、经历到了多少个令人激动、令人感动、令人冲动、令人盲动的事件。

回想从 1954 年始，我就生活在一个家中经济条件日益衰败、家庭人口逐步减少、社会地位日渐低落的家庭中。然而，所发生的这一切，都是什么原因造成的？我的家庭为什么从比较富有变成贫穷？为什么从热闹变冷清？为什么母亲早早就离我们而去？童年所亲历的强烈反差及串串问号，时时在我头脑中闪现。

4. 青年沐浴草原风

在"停课闹革命"约一年后的 1967 年春，北京的中学里来了解放军。到我们学校的是驻张家口 65 军的一位叫梁升的教导处主任，我们称他梁团长。他是一名中国人民解放军军官，生得浓眉大眼，一见到他便令我联想到李向阳。他来到我们班里，对我的状况产生了疑问，在我最为困难的时候，他曾亲自到过我父亲的单位了解有关情况。"文化大革命"时期动荡不定，我的生活更为不稳定，后来索性搬到了学校，与几个同学住在一起。再后来，在梁团长的指点下，在 1967 年 11 月 16 日，我终于也弃屋而去。

我们来自北京二十二中、北京男五中、北京男二中、北京二十一中、北京二十三中、河北北京中学的共 40 多个知识青年，被分到中蒙边境的大草原上。世界闻名的锡林郭勒

去内蒙古插队前姐弟三人在北新桥合影（摄于 1967 年 11 月）

大草原，从古至今被称为水草丰盛、牛羊肥壮的地方，因而我们个个感到十分荣幸且自豪。这里是一片蓝天笼罩下的大草原，东边有一道自西北向东南展开的漫长的土丘，人们说这是元代修成的一条长墙，人称"成吉思汗墙"，至今这道墙变成了依稀可见的历史痕迹。另外是一条自西北向东南延伸的明显车道，这是 1945 年苏联对日宣战后，百万苏联远东军，穿越内蒙古东部草原，长驱中国东北，一举拿下日本关东军时战车轧出的车辙。车辙两边，还偶尔能看到弃置多年的汽车残骸。至今，这道终年寸草不生的宽大车辙，仍然默默无语地向东南延伸，似乎在证明日本战败的事实。

而我带着梁团长送的一身洗得发白的旧军装，到达内蒙古锡林郭勒盟东乌珠穆沁旗满都保力格牧场白音乌拉大队插队，当上了一名牧民。初到草原，给我印象最深的是说着赛音白纳（意为"你好"）的极其纯朴的牧民，透心凉的严寒、茫茫一片的白雪、四蹄飞奔搅起一片雪沫的马儿，还有香喷喷的牛羊肉与奶茶。到了白音乌拉大队后，我们每两三个知识青年一组先被分到牧民家住。几个月后，我们便四五个知识青年一起，先后离开牧民家，住到了自己的蒙古包中，组成了一个个新的集体，从此开始了既艰辛又充满乐趣的新生活。

来到草原，第一是要过生活关。开始，知识青年的衣食住行都由大队负责，包括我们的住所蒙古包、身上御寒的皮衣皮裤、草原上必需的勒勒车；每人的代步工具、草原人不可或缺的忠实伴侣、吃苦耐劳的蒙古马及鞍具；还有维持生命必不可少的牛羊肉、奶制品、粮食；乃至生火做饭用的燃料牛羊粪，所有这一切的一切都需要由牧民供给。过了一段时间，这一切都要靠自己了。我那时高二，在来到草原的北京二十二中男生中，算是年龄最大的。当时我们共有五个人住在一个蒙古包中，由于我最大，每日早晨我总第一个起床。

可能儿时吃过不少苦，对于草原的艰难困苦，我已不在话下，但草原上的严寒的确令人生畏。早晨从暖和的被窝里爬出来，立刻置身零下四五十度的冰冷世界里，真是要默诵几遍：下定决心、不怕牺牲，排除万难，去争取胜利。特别是白天干活，穿的大毡靴被脚汗沾湿，夜间一冻成了冰靴，脚伸进去触到结了冰的毡靴，如同针扎一样疼痛。那种疼痛实际上是脚上的皮肉与冰靴接触后，皮肉经过与冰靴的热交换也被冻成了冰而引发的。因此，起床后的第一件事是尽快把炉子点着。然后连连跺着双脚，一边促进脚下的血液循环，一边跑里跑外，生火，做饭。不一会儿，铁皮做成的圆桶形炉子里的干牛羊粪变成了腾腾的火苗。从包外面取了洁白的积雪放入大锅里，待锅里的雪融化后，再用斧子砍下茶砖上的茶叶放入雪水中，水开了后，再将鲜奶倒入锅中。这时，一大锅滚开着散着茶香味和奶香味的奶茶便做成了，蒙古包里立刻暖和了。然后我叫起其他同学，吃过早饭，大家便去干牧业活。

当然，内蒙古草原虽在慷慨地养育着你，但也会经常给你脸色看，时不时出些难题。初到草原的 1968 年元旦，我与一位同学去场部商店置办年货，套了一头很壮实的牛，赶着牛车向一百多里地外的场部走去。那时真是有点不知深浅，刚到草原并不识路，对地形地貌也不熟悉，向四处观看，到处都是白茫茫一片。在路上，开始还能记住什么地方有个羊圈，什么地方该拐弯，但路一长就记不清了。在返回时，由于记错了路，晚上牛车钻进了大山，最后闹了个人倒车翻。天黑后，我们两人在严寒中没吃没喝，只好拿出刚买的月饼充饥，不想月饼被冻得如同铁块，咬一口只在月饼边上留下一个白印，根本无法食用。最后，拿着月饼在车辕子上玩儿命地砸，总算把月饼砸碎了，就着白雪勉强吃了些月饼，权当晚餐。后来我们把月饼戏称为"齿轮"，这又使我想起书上关于当年志愿军在朝鲜，一把炒面就一把雪的描述。吃过几小块破碎的"齿轮"后，只能委屈了老牛，因为没有草和水喂它。我们二人只得紧靠卧在雪地里反刍的老牛身旁，互相取暖，相拥而睡，熬过了一个最冷的夜晚。

幸而天明后找到了一个蒙古包。一进蒙古包，牧民就用雪给我们擦手脚、脸部，然后又好吃好喝地让我们在他家住了一天一夜。草原上的风俗习惯就是这样，无论生人熟客，只要进得蒙古包来，主人一定倾心迎接，热忱招待。我们养精蓄锐，又经牧民指路，才全身回到家中，但手脚却冻伤了好几处。此事过后，真有些后怕，如果碰不到牧民，再找不到路，那后果就难以预料了。

在大草原上，重要的生活保证之一，是要时时备足燃料，燃料就是干了的牛羊粪。不要以为牛粪稀稀的，臭烘烘摊在地上无法收拾，其实干了的牛粪是没有味道的。1968年夏季，我们在草原上度过第一个雨季。原来仅存的一些牛粪用光了，由于连日阴雨，根本找不到干牛粪，最后无法做饭。等大家饿了一天后，我突然看到包内有一些看过的报纸，最后用这些报纸生火炒了一些莜面，聊以充饥。好在天无绝人之路，我发现不远处有个砖厂，堆积了不少芦苇，这可是上好的燃料，于是拉回了一车芦苇，解了无炭断炊之难。草原上的生活就是这样，标准不高，却营养丰富，在此五年，正是长身体的时候，充足的蛋白质、新鲜宜人的空气让我补足了儿时所缺乏的营养，待五年后返京时，我已变成一个在草原上经受了种种磨难、身强力壮的青年。

来到牧民中，最初感到极为不便的是语言不通，但由于一到草原便与牧民同吃同住同劳动，不到半年，生活、生产用语便基本掌握了。只要你用心学，会很快记住蒙古语词汇。到了第三个年头上，我们甚至可以为牧民简单地翻译毛主席著作《为人民服务》和《实践论》。

知识青年在草原上要过的第二关是生产关，大家来到草原，经过几个月与牧民接触，总不能一直不劳而获。于是这些知识青年便开始了放牧挣工分的生活，我自告奋勇当了马倌。在草原上放马既是一项十分艰苦的工作，同时也是一件十分潇洒的事。一般情况，两个人负责放一群马，一群马约有四五百匹。整个大马群由一二十个小马群组成，每个小马群都由一匹叫儿马即种马的来统治。这些小的群体在儿马的带领下，在大马群中都有自己基本的位置，彼此互不侵犯，和平共处。马倌晚上来到马群，只要找到各个位置的儿马，就可以断定马儿都在。马倌只是夜间跟着马群，防止天气突变、马群跑失或被狼咬死咬伤，在草原上人们称之为下马夜。等天亮后，马倌便离开马群，到各处串门，或喝茶聊天或睡觉休息。

1968年夏，我与队里一个叫赫白的三十几岁的牧民同放一群马，每人负责一天一夜。我放马的第一天，老天爷便给了我一个极其严厉的下马威。当晚我吃完饭，急忙揣上大手电筒，带上雨衣，早早地来到马群。夏日我们的营地名为乃林格勒，汉语意思是细小的河流。由于这是我的第一个放马日，所以我格外小心。来到马群后，我也不知马群有多大，马匹详细数字是多少，另一位马倌也未曾向我交代有关马群的情况，我只能凭着年轻人的勇气、男人的胆量再加上好强及猎奇心，一脚踏进了马倌组成的英雄豪杰队伍。

来到马群中，我打开大手电，骑着马，大声吆喝着，借着手电光围着散开的马群，催马转了一圈。察看完马群，我自认为情况不错，便翻身下马，手中紧紧牵着马缰绳，侧躺在草地上休息。此时，东边天上一轮明月，深蓝色的天空中无数星星眨着眼睛，耳边是一片马儿咀嚼青草的声音，草地上散发着花草的阵阵幽香，真是一片清凉太平世界。我随口拟了一首顺口溜："蔚蓝天空一盏灯，星星向我眨眼睛，牵马侧身卧在地，一片马儿吃草声。"正在我十分惬意地享受这美好夜色时，我发现低头乖乖地站在我旁边的那匹极为老实的骒马，突然扬起了头，两只耳朵立了起来，并且不停向西方张望，马群里也响起了马嘶鸣的声音。几乎同时，我觉得脸上一股凉风掠过，接着西边又突然划过一道闪电，马群更加不安起来。

我产生了一种不祥的感觉，觉得要有什么事情发生，立刻翻身上马。说时迟，那时快，当我骑在马上去收拢马群时，一阵狂风夹着大雨点从天而降，紧接着一道极强的闪电把漆黑的夜空撕成两半，巨大的雷声在耳边炸响，倾盆大雨随之泼向大地。这时，我听到风声、雨声、雷声、马嘶鸣的声音响成一片。我立刻骑在马上拼命大叫起来，借着闪电亮起的一刹那，我看到马群中的马大睁着惊恐的双眼，直立着双耳大声嘶叫着顺风飞奔。我此时已顾不得躲风避雨防雷电，只剩下骑在马上大声呼叫的本能了。这时，坐骑也张开大嘴发出一声长嘶，跟随马群向东飞奔而去。我骑在马上，忽然想起东边不远有条小河，就是被称为细河的乃林格勒。虽然此河不算深，也不宽，但河床非常陡峭，几乎直上直下，毫无缓坡，如果马群冲过，肯定会扎入河中，加上奔腾而至的后来者，马群中肯定会有些马非死即伤。想到这里，我把马腹一夹，那匹白色骒马立即向马群前方飞奔而去。待我到了马群前边，立刻抢起套马杆把马群向西赶去。这时，飞速而来的风雨吹打在我的脸上，眼睛也难以睁开，我只能半眯着眼睛，借着闪电的光亮，骑着马在马群前左挡右拦。不一会儿，我逐渐控制了马群，马群开始迎着风雨向西慢慢走去。

　　说来也怪，一场暴风骤雨，夹着电闪雷鸣很快便过去了。闪电雷声夹着风雨，肆虐着草原大地，逐渐向东而去，此地又恢复了平静。马群奔波了一阵，此时停了下来，逐渐在草地上散开来，打着响鼻重新吃草。这时我才松了口气，下马后，一阵凉风袭来，觉得浑身有些发冷，又觉得全身沉甸甸的，原来浑身上下，里里外外的衣服已经湿透，脚下也是沉得要命，马靴内已灌满了雨水，脚一着地，水就从靴筒口溢了出来。我马上把马靴脱下，哗哗地倒出两桶存水，使劲甩动马靴，然后又把它们套在脚上。由于这是我有生以来第一次下马夜，我此时最为担心的是马群是否全在，马匹是否有损伤。

熬过了这第一个下马夜，我发现东边出现了鱼肚白，很快便出现一抹朝霞，接着就是太阳跳出了东方，草原一片灿烂安详。只见天蓝透顶，草绿如滴，百灵鸟在欢唱，草原上的花草散发着幽香。我看到远处一座蒙古包顶上的烟囱里，笔直地向天上发送出一道白色的炊烟，此种景色对于我这个经历了夜间一场暴风骤雨、电闪雷鸣的青年马倌来说，是多么地心旷神怡。晚上交班，马群完好无损，我更是放下了悬着的一颗心，如释重担，赶快换了一匹马，回到蒙古包里安歇。

其实，草原上的六月是最美、最舒适的，天气不冷不热，还没有到蚊子肆虐的时候，马、牛、羊也很驯服。但很快就到了蚊子捣乱的时候，那些黑色的蚊子，聚在一起像一团团烟雾一样，无休止地向一切有血有肉的活物发动空袭。有时你会看到马肚子上密密麻麻趴了一层蚊子，马儿无可奈何地用尾巴抽，用蹄子踹，用嘴巴轰，那些蚊子或忽地飞起一片，或又重落回原处，贪婪无情地吸吮着，用别人的血延续着这个可恶的家族。有时我们在傍晚骑马归牧，蚊虫令人讨厌地追逐着归牧人，你如果不小心张一下口，蚊子会飞进你的嘴里，使得口中又苦又涩又咸，味道久久不能除去。

草原的盛夏是短暂的，往往在不知不觉中，就到了秋天，秋的草原，又是另一番风情。我有一次跃马山顶，放眼莽原，看到散开吃草的一只只白羊，如同绿茵上点缀着的一片珍珠，不禁诗意大发，随口吟道："绿肥红瘦蘑菇鲜，粒粒白羊伴长鞭，长空掠过横天雁，扯雨撕风又一年。原上草，绿如蓝，秋风阵阵爽肺肝，莫道霜凄渐风紧，我以青春荐草原。"广袤的草原一年四季从不吝啬地供给勤劳的草原人所需的一切。在大草原上，通过牧民的指点与自身的磨炼，我们逐步掌握了放牧及相关技能，初步渡过了生产关。

我们到内蒙古草原时，还是在毛主席提出知识青年到农村接受再教育之前。然而，在农村，能够学到学校之外的知识和技能是不言而喻的。在一望无垠的草原，经过一年四季风雪雷电的洗刷，我们的身心、我们的意志、我们的思想无疑都经历了炼狱般的锤炼，都深深体会到劳动的光荣与伟大，思想和身心都不同程度地得到了提高与升华。

就在内蒙古草原这段时光里，无论是在艰苦的磨炼中，还是在大草原的无限乐趣中，我始终有许多问题深埋在心底，时刻不能忘怀，那就是父亲究竟是个什么样的人，他现在在哪里，此时此刻他在做什么。但由丁草原和北京远隔千里，以当时的条件，我根本无法了解这方面的情况，更无力解开这些谜团。

1969年冬，我们插队的所在地区组建了中国人民解放军内蒙古生产建设兵团，我们被编为第6师54团。由于我们几个知青会讲蒙语，便被留在团部，担任警卫员和通讯员的工作。那时边境上十分紧张，到处在搞战备，真是枪不离身、马不卸鞍，日夜备战。战备中的一项重要的工作是帮助搭建电话通讯工作，其中最主要的事是挖坑埋设电线杆。内蒙古草原冻土层非常厚，在夏天，挖个两米左右的深坑很容易，但到了严冬，能挖个一二尺深的小坑已十分不易了。为了挖坑埋设电线杆，我们的手磨出了血泡，为加快进度，我们在冻土地上撒上干草，再泼上些柴油，用火点燃干草，让冻土化掉，就这样挖一层再点火烧一层，最后终于可以挖成一个个土坑了。

1970 年冬，电话杆终于架好了，电话也接通了。一天下午，我试着要接北京父亲所在单位的电话。那时的电话是人工接线，经过负责通讯的参谋同意，又经过几个话务员的手，电话很快就与北京接通了，并且找到了负责与我们联系的那位刘叔叔。我在电话中急忙问了声好，立刻向他询问最近有没有父亲的新消息。对方听到我的声音，以为我回到北京了，当得知我是从内蒙古打来电话后，有些吃惊地回答："啊?! 你远在寒冷的草原，要注意身体，不该问的事不要多问，有了新情况组织上会尽快告诉你们。"听得出来，叔叔工作很忙，我只能无奈地说："那好，再见。"然后放下了电话。这是个长途电话，要知道在那个时候，能从内蒙古草原把电话打到北京是多么不易，这个电话的成本有多高真的难以估算！

内蒙古草原的插队生活充满艰辛，也充满乐趣。那时的生活条件反差极大，一天三餐，可以大口喝着奶茶，大口吃着牛羊肉，这在当时的城市、农村，生活算是十分优越的了。要知道，那时城里人每月只发几斤肉票，牛奶更是奢侈品。在草原上大家穿的皮衣皮裤，可与裘皮大衣相比。但是，除吃穿外，生活条件非常艰苦，一旦进入严寒，茫茫黑夜，倍感孤独，闲时不免也想念去台湾的父亲。1970年春节，大家聚在一起过年，我信手写下了如下文字："除夕之夜尽狂欢，各显其能大会餐，谈笑之余不能忘，尚未解放我台湾！"

1970年春天，我和布林队的沈和一起回北京探亲，由于北京家中破烂不堪，我一直吃住在沈和家。他的父母、弟弟、妹妹及其他亲戚对我非常热情，从没有嫌弃过我，我永远不会忘怀。后来我在搞清父亲情况后特意在2010年母亲节这一天看望沈和的父母，但不久沈和的父亲便因病去世了。当时在北京待了约2个月，有一天闲来无事，一个人到了八达岭望京石，记得几年前从北京出发去内蒙草原曾到过这里。如今经过几年插队锻炼，心态大不一样。站在这里，远望长城内外，心潮澎湃，赋词一首。

登长城赋　1970年夏

1967年11月16日赴内蒙，离京时曾在八达岭望京石上与首都告别，至今已三年有余，重登长城作赋记之。

八达岭，京东立，盘道险，万山碧。

磅礴盖世两千载，巨龙浮动群峰里。

观其状，

沿山脉而盘旋曲，随山势而伏高低；

顺山脊而东西展，凭智慧而血汗集。

观其长，

东衔渤海第一关，西联甘肃接嘉峪，

横跨中原十六省，蜿蜒不断逾万里。

攀险道，越山脊，登长城，观葱郁。

崇山峻岭雄鹰掠，无际平长收眼底。
长城何其奇，长城何其丽，
坐卧天下推为首，天工神笔难画齐。
我立长城烽火台，征战雄图心中起。
忆春秋，
刀枪铮兮驰千乘，烈火腾兮天颜易，
并七雄兮夸统一，立中原兮擒青犀。
想百年，
气吞山河驱强虏，叱咤风云斩熊罴。
长城怒兮狂飙落，望京石上展红旗。
先辈创业难，喜赴刀丛淋弹雨，
前赴有后继，赢得神州东方立。
塞外逾三载，归京登城忆今昔。
放眼长城头，一片翠欲滴。
天地阔兮可放喉，心胸开兮望天低。
临风放思路，恰似大江急。
我欲顺城西上，楼台会前驱，
烈士英骨在，促我快努力。
我欲沿城东去，入海缚鳖鱼，
先烈可教我，何以度朝夕。
我应加倍努力，磨练意志肌体，
练得坚石意志，练得钢铁毅力，
练得洁玉灵魂，练得永葆朝气。
我愿伏身城下，化作微微石基，
保我江山土，永远不分离。

我愿与城化一体，无私无怨献全力，

丈夫为谁死？志士为何泣？

应惜有限青春血，莫作无为五尺躯。

呜乎，

报国边陲赴沙场，切莫溅泪空叹息！

从北京回到内蒙古后，已到了夏天，我又回到队里放马。夏天转眼即逝，草原上的秋天如同一阵清风，也是匆匆而过，随后而来的就是寒冬。古人语：胡天八月即飞雪。在赴内蒙古草原三年之际，又作词存念："塞外金风送雁还，寒流默遣南风衰，霜凋萃草观三载，碎玉琼花滚滚来。十一月，满眼白，当年壮志犹在怀，殷勤洒尽青春血，化作红花遍野开！"

这一年年底，发生了一件非常凑巧的事，由于战备需要，原来支持我离开学校来内蒙古插队的梁团长，到我插队的地方任前线指挥部参谋长。我们见面后，他非常高兴，这是多么难得的再遇。他问起我这几年的情况，也关切地询问我父亲的消息，我向梁团长汇报了在内蒙古草原的情况，并转告他：曾通过军线给父亲单位打过一次电话，但没有任何新消息。听到这些，梁团长关心地说："好了，现在咱们又到一起了，你继续在草原上锻炼，我在这里保卫边防，我们常联系。"此时我来草原已四年，由于在草原上放过牧，又扛过枪，搞过战备，经历比较丰富，认识的人也比较多，无论是军人干部还是地方干部，无论是插队青年还是牧民，以及基建队、制毡房工人都有接触。

1971年春，团部忽然有人通知我，让我到师部报到，准备到北京外语学院上大学。听到这一消息，我惊愕不已。我收拾好不多的行李来到师部，没料到情况突变，师部的人又让我回队等候。这是"文化大革命"后招收第一批工农兵学员，但我没有去成。直到1972年春，团部再次通知我，我已被北京化工学院录取，准备到校报到。时隔多年后我才知道，我是被梁升参谋长两次推荐，但招生人员和其他原因，第一次没能去成。第二次多亏北京化工学院的王警华老师的力争，我才能回北京上大学。

在我离开草原之前，我到各处去告别。初到草原时住处的房主帕布嘎听说我要回北京上大学，立即为我包饺子送行。当我来到他家后，一双已经风雨的知青的手与这双十分神奇的牧民的手握在了一起。帕布嘎在队里是个人物，家中生活富裕，人多畜壮，他又会说些汉语，俨然一个牧民中的知识分子，又似一个知识分子中的牧民。我初到草原住在他家，每日得到他家的招待，可谓对我有养育之恩。而后来，他被"专政"，又恰巧被我们专案组释放回家，我对他有解救之情，这似乎是冥冥之中苍天的安排。我们吃着他妻子和女儿格尔勒包的羊肉饺子，用蒙语互祝平安。刚到草原，格尔勒还是个十几岁的小姑娘，那时同住一室，从没感到异样。今日她已长成一个青春少女，面带羞涩地不断给我的碗里添加热气腾腾的大肚饺子。我在心中暗暗祝她今后幸福，这一晚我吃了太多的东西，以至到了第二天，胃还有吃多撑着了的不适感。

与牧民道别后，我又来到制毡房王洪友处，他立刻把我让到家里，拿出酒肉招待，我连忙说我不能喝酒，他理也不理地为我倒满一大碗酒说道："会喝也得喝，不会喝也得喝，今天得一醉方休！"王洪友是山东人，"文化大革命"前不知什么原因来到这里，从学习制毡开始，到如今有了自己的制毡房。草原上离不开毡子，这里牧民用的一切，从居住的蒙古包，到头上戴的毡帽、脚上穿的毡靴，很多出自他的双手，由于需求旺盛，他的收入也相当可观。我们认识不久，他便为我做了一双超级毡靴，此毡靴又厚又大，由于用了很多羊绒，因而又软又轻，穿在脚上，真的十分暖和。

这一天，他喝了不少酒，有些伤感地对我说："老弟啊，这一走不知何时能见，我这辈子就这个样了。"他边说边拉过他几岁的儿子。"孩子总不能学我吧，等他大了我们去北京找你，也让他去上学，到时候你可不能不管！来，我再喝上这半碗酒，一是为你送行，二是在这先谢谢你。"我点着头，也拿起酒碗稍稍沾了一下碗边说："谢谢你的关照，今后有什么事，尽管到北京来找我。"王洪友看见我只是轻轻抿了一小口，便自己扬头把那半碗酒一饮而尽，然后红着脸对我说："我的兄弟，要是换了别人，我早就灌他个人仰马翻了，我知道你不能喝，这样吧，你的这碗酒，你能喝多少喝多少，剩下哥哥我全替你喝了！"我见此情况，叫着："哥，我喝，不能给你添麻烦！"我双手拿起装满酒的碗，也想喝个半碗以示情谊。当时我端起碗便昂头痛饮起来，没想到酒刚要咽下，只觉有一股火一样的热流进入喉咙处，又辣又呛，只好立刻又将酒吐了出来，但也有大半口入了肚，接下来再也不敢往下喝了。王洪友见状，立刻把一块羊身上最好的肉，即羊骨盆尖上的那块肉拿给我，我说了声"谢哥了"，急忙将这块肉咽下以解酒的辣劲。但马上觉得身热脸红，心跳加快，大汗淋漓。王洪友也是红头涨脸，说话有些语无伦次："弟啊，这次回北京，可别回这野地方了，找个好弟妹娶了，好好在北京过日子，到时我一定送你们一块又厚又软又白净的大毡子，让你们舒舒服服躺在上边睡觉！"我知道，这是他认为最深情的、最宝贵的赠送了！他会把自己最真诚的情谊擀进洁白的毡子里。那一天，我还是喝了不少酒，最后住在他家中。

接着是与同来的知识青年告别，我把我已用不着的东西分送给各位同学，特别是那双特制毡靴，送给了知青马倌。邢奇和王梅还各送了我一本笔记本，上书："你去大学实突然，登车料应恋草原。"是的，别了，养育了我五年的草原；别了，共同生活的牧民与知识青年！这草原上的五年，已像刻录的光盘一般，将草原上的人与事、一时一刻、一草一木、一山一丘，都录入了我的大脑，并且永生永世抹不掉。最后道别的是那条忠诚无比的大黄狗。这条狗是在我们学生包刚刚立起之时，不知从何处跑来的，可能是上苍的恩赐！它陪我度过了约 1800 个日日夜夜，为我们尽心尽力地守护着牲畜和家园。这一切源于刚来草原不久的一次搬家，他的主人不知何种原因竟将它丢失，我赶着牛车将遍体鳞伤的它从死亡线上拉回，为它喂食疗伤，随后便相依为命地一起生活在这草原之上。后来听说，我走之后它因不吃不喝而亡，每每回忆起这条黄狗的情谊，心中都不免涌起阵阵忧伤。

我告别了养育我五年的草原，告别了经风雨见世面的五年草原生活，告别了生产建设兵团的官兵，告别了场部的干部居民，告别了牧民，告别了一起插队近五年的知识青年，告别了我的恩人梁团长，回到了北京，到北京化工学院上大学。

5. 贤人相助改人生

1972年春，我上了大学。后来才知道，这是梁团长做的工作。原来，1967年春天，他来到我们北京二十二中学校后，看到我当时的状况，感到其中必有原因，因而特地去了父亲的单位，了解到我的父亲于1949年去台湾执行特殊任务，后来出了问题，至今没有查清，因而我们子女各方面受到影响。作为一名军人，梁团长对我十分同情，看到我当时在学校的困难处境，曾在各方面给予我帮助。后来，他又动员我去内蒙古插队。三四年后，非常巧的是，他又在内蒙占碰上了我。他见我在草原锻炼了四年，便向有关部门介绍我的情况，因而北京高校来招收工农兵学员时，便安排我回北京上了大学。我到北京化工学院读书期间，他几次来学校看望我，我至今记忆犹新。

从草原来到大学，完全换了一个环境，虽然开始非常珍惜这一机会，但在草原上放了几年马，新到一个环境，毕竟不习惯。一天晚上，天空下起了雨，我不禁思念起草原人："每逢风雨夜，倍念塞外人，遮雨包可固，避风可有门。羊群安在否，马可有失群？无力相以助，唯盼快收云！"草原上五年的生活收获实在不小。别的不说，就单拿生活讲，五年的牛羊肉让我补足了少儿时期缺乏的营养，使我长成了一个身体非常强壮的青年，充满青春活力地回到北京。我在上大学时，由于学校发部分生活费，加上哥哥、姐姐已经工作，可以在生活上接济一下，但我不太好意思总要他们的钱。父亲单位的联系人知道我回北京上大学，有时也给我一些生活费，但总的来讲钱并不充裕，甚至也有断顿的时候。到这时，就要向同学临时借些钱用，同班同学张国辉就是一个曾经多次帮助过我的人，我也曾到同学董爱民家吃过饭，她母亲为我做的南方菜，特别是鸡蛋汤令我回味无穷。

在大学期间，我有了比以前优裕的条件，每日天还没亮，便到操场跑步锻炼。由于高中时在北京二十二中学习，著名乒乓球运动员庄则栋就是这所学校的毕业生，后来成了世界冠军，他为母校乒乓球运动的开展作了很大贡献，因而我也受了影响，在乒乓球运动项目上有些基础；又曾踢过足球，因此在大学时参加了乒乓球、足球两个校队。另外，还曾练习过击剑、羽毛球。未曾想到，在上大学的第二年，我还当了一段院学生会宣传部部长。在这段时间里，学院经常组织一些文娱、宣传活动，特别是在五一国际劳动节、五四青年节、十一国庆节总要排练节目，组织文艺演出，举办诗歌比赛，为此我写了一些诗歌，还练习了摄影，提高了摄影技术。

大学三年，由于若干干扰，我在文化学习，特别是英语学习上错失了良好时机。但是细细回想，好在收获也不少，这多少与我是六七届高中毕业生有关，各方面知识有些底子。大学生活同样也是一晃而过。上大学时，我最深的感触是，别人都盼着放假，我却最愁放假。原因在于放假后同学们都回了家，我却无家可回，经常一个人在宿舍里，心中不免空荡荡的。1973年除夕夜，我一个人在学生宿舍里，望着窗外的漫天飞雪，不禁写下如下文字："壬子除夕异去年，窗外银花舞蹁跹。迎春瑞雪纷纷落，辞旧鞭炮声声连。莫愁亲人飘四海，应喜工农尽开颜。南海诸岛旗扬日，开怀一饮话团圆。"那时，我已经知道父亲去了台湾，开始盼着能早日解放台湾，好与父亲团圆，但这仅仅是心底的想法，根本不可能成为现实。只有一点依然如故，那就是有关父亲的一切，仍然都像谜一样地笼罩着我的心灵。

在我上大学的最后一年，1975年3月19日，经第四届全国人民代表大会常务委员会第二次会议决定，全部在押的国民党战犯得以特赦。这是在押的最后一批国民党战犯，共293人，大部分为国民党军队的将军。当时，政府对这批战犯实行最优待政策，保证留在大陆的人员的衣食住行，如果有人想回台湾，可以提供各种帮助。但大部分人选择了留在大陆，极少数人去了美国。其中蔡省三等8人打算回台湾，却遭到台湾当局拒绝。由于台湾当局长时间拖延，不批准打算回台湾的人进入台湾，致使其中张铁石以自杀相抗议。此次特赦国民党最后一批战犯，反映了中国共产党的大度与人道主义精神，但台湾方面却没有作出对等的回应。

1975年夏秋之间，我大学毕业后，没有像有的同学一样留校或被分配到市内。我被分到郊区北京燕山石油化工总厂实验厂工作。进厂不久，便被分在办公室，在后来任中共中央组织部办公厅主任的刘是龙同志手下工作。1976年唐山大地震后，我被调去搞了两年基建。这个时候搞基建工作，其难度是可想而知的，具体工作是采购建材、定制构件、提货、运卸货。那时对基建一窍不通，加上远在燕山，交通不便，有时要到清河拉建材，来往要一整天。这在当时是谁也不太愿意干的事，但需要人去我就去做。凭着年轻和热情，再加上运气，居然诸事顺利，搞到不少建材，使得一些搞基建的老人也十分满意和钦佩。要知道，那时是没有什么公关手段和条件的。在此期间认识了张亚平，结婚后生子刘新宇。

后来，我又被分到科研组，从事科研工作近八年，研究生产制作一种"涤纶"即"的确良"的原料的具体方法。在科研工作中，同样需要付出个人的努力和精力，需要发扬不怕苦、不怕累的献身精神，更要动脑筋、想办法，全身心地投入工作。不久，在我们同一届分到这里工作的工农兵大学生中，我第一个被评为工程师。同时，我还担任科研室的工会主席，组织互助，开展文化娱乐活动，为职工解决各种困难，加强职工福利。还参加厂里的各种体育活动，特别是足球比赛，并经考核与实习，成为国家二级裁判。同时，在业余时间，我迷上了篆刻，在练习时专攻汉印，几乎每日一印。

改革开放以后，集邮活动兴起，我们在燕山的几个集邮爱好者，组建了北京燕山集邮协会，聘请后来成为国务院副总理的吴仪同志任名誉会长，我任秘书长。那时，处于北京西部山区的北京燕山石油化工总厂已改名为北京燕山石油化学总公司，这是一个现代化的大型国有企业。由于地处郊区，文化活动欠缺，我们经常组织各种集邮活动，并请来北京集邮界的领导、专家，如成安玉、宋兴民、吴凤岗、李洪义，邮票设计家黄里、刘硕仁、潘可明前来指导、助兴。身为党委书记的吴仪总是亲自出面接待，对我们的工作给予极大支持与帮助。

那时，我的工资是每月 39.8 元，又要攒钱成家，又要买邮票。我记得为了增加些收入，出差不坐卧铺，为的是省下卧铺票费的四分之一去买邮票。那时我还承担着为青年职工补习文化知识的任务，偶尔得到几元讲课费，也都买了邮票。1984 年是新中国成立 35 周年，燕山石化的职工担负着组织职工游行队伍的任务，我在游行训练办公室，完成了任务。

1984 年 11 月，中华全国集邮联合会需要补充工作人员，便把我调到中华全国集邮联合会外事部工作。离开北京燕山石油化学总公司时，时任党委书记、后任国务院副总理的吴仪同志亲自参加了欢送会。从此，我开始了一个工作、生活、学习的新起点。

回想自 1966 年"文化大革命"开始到 1978 年改革开放这十几年中，我这样一个无父无母的无知青年，在不断的政治运动中，在各种浪潮的不断冲击下，在人生的道路上，没有出大的问题，这已经十分不易了。我感到，在自己的成长过程中，似乎时时被一种莫名的隐情所笼罩，使我一直处于如干旱中的禾苗一样，在即将干枯时，不知从哪里洒下几滴甘露，使我不至枯萎，但那已倒伏的禾苗尚没完全挺立，一阵炎热又突袭而来的境地之中。我的人生道路虽然充满曲折，但每到关键时刻，总会有贤人出现相助，使得我能够继续磕磕绊绊地艰难行进。在那时，对于这一切，我真的不知原因究竟何在。但多年来我养成了一个习惯，那就是从不浪费时光，我珍惜每一分每一秒的时间，时时刻刻充分利用宝贵的时间去学习各种知识，练就各种技能。另外，由于妈妈的言传身教及父亲单位叔叔阿姨的教导帮助，加上受学校和社会的影响，少年及青年的境遇，使我养成了勇于克服各种困难，去努力奋斗争取成功，不达目的绝不罢休的习惯。同时，我也悟出了一个道理，那就是永远不要消沉，无论在何种境遇里，天生我材必有用，别人不用自己用。我同时还养成了一个习惯，就是永远不去欺负别人，用善心对待一切。

二、爸爸真去了台湾

1. 面纱逐步被揭开

自 1984 年初冬，我被调到中华全国集邮联合会从事外事展览工作。从此以后，由于有了一份自己十分钟爱的稳定工作，又有了一个非常理想的工作环境并具备了各方面的优越条件，在工作之余，我逐步认识到，父亲的问题不能再等下去了，要想方设法去驱散笼罩在外面的迷雾，搞清父亲的真实情况。

然而，要想搞清这个问题实在不容易。首先，父亲的工作属称为地下工作者的工作，也称隐蔽战线工作。既然是地下情报工作，那么所有情况都必须保守秘密。其次，父亲既然做的是这样的工作，他所在的单位肯定也是保密的，因而这方面的情况也不会公开。再有，父亲离家已经 35 年，随着时间的消逝，搞清父亲一切情况的难度也随之增加了。更难的是，父亲当年去的是台湾，多年来，大陆与台湾处于紧张对峙状态，两岸人员难以来往与接触，因而不要说父亲的情况，就连一般情况的互通有无也难以实现。那时，了解父亲的情况，真是难于上青天。

据传，1987年3月春节过后不久，蒋经国了解到台湾岛内的老兵急切要求回大陆探亲的心情，问身边工作人员：是否有首描写多年离别，盼望回家之人心情的唐诗？工作人员答道：有，诗为"少小离家老大回，乡音无改鬓毛衰"。蒋经国说："诗正是现在从大陆到台湾的老兵们的心态，你们去研究如何解决这一问题。"不久，经过研究，国民党"中常会"通过"复兴基地居民赴大陆沦陷区探亲办法"。从此文件的名称即可看出，蒋经国仍坚持蒋介石的反动立场，把台湾妄称为"复兴基地"，把大陆诬称为"沦陷区"。但此文件毕竟打开了两岸民众近40年的隔绝状况，从此开始，数万名国民党老兵回到大陆与家人团聚。

就是在这一年的7月14日，台湾岛内又发生了一起重大政治事件，蒋经国在台湾宣布，自1987年7月15日零时起，在台湾执行的戒严被解除。自1949年5月20日陈诚在台湾宣布戒严，这一持续38年的漫长岁月，使得多少革命志士抛头颅洒热血、身陷冤狱；多少家庭妻离子散、家破人亡；多少妻儿老小生活于水深火热之中；多少悲歌壮剧演绎不断。可以说，蒋介石集团在台湾执行的这次戒严，在世界上是绝无仅有的。

同样，也正是台湾的解除戒严，给我们寻找日夜牵肠挂肚的父亲刘光典带来了一丝希望与光明。从此，寻找父亲的道路开始出现转机。

1988年年初，我在市里已经工作了三年多。这时姐姐在北京市政协机关工作，她做的工作很多是为包括爱国民主人士、著名文化艺术大师、清代皇室人员在内的一些知名人士的落实政策。其中有大书法家欧阳中石、大律师梁文茜、曾任台湾"行政院"院长蒋彦士的亲戚等人，因而我也有机会接触到这些人士。经常与一些民主党派人士接触，为了解台湾的情况创造了条件，也结识了不少与台湾有关系的人士，因而更激起我寻找父亲的想法。特别是在这一年，我又重新与我的发小、北京市台湾同胞联谊会秘书长蔡怡取得联系，认识了一些台胞，也得到了一些相关资料。

在这段时间里，组织上也正在抓紧落实这方面的政策。记得在1988年春节前后，我和姐姐一起来到统战部，看到一份印有"绝密"字样的文件。文件中列出了1950年前

父亲在北平辅仁大学时的照片
（约摄于1943年后）

后，中共地下党在台湾牺牲的烈士的名单，父亲刘光典的名字赫然其中。这是一位曾被蒋介石反动集团关押 13 年，刑满释放后到日本，后来回到大陆定居的台籍中共党员张皆得收集并交给有关部门的一份名单。此名单包括一百多名被杀害、数千名被判刑关押的中共人员及进步人士的名单。这是我们第一次正式得知父亲已经牺牲的消息，同时也是我们第一次得到有关父亲情况的官方消息，而这又是一个令人遗憾和悲伤的消息。

父亲离开我们太久远了，约 40 年后看到这份文件，只有短短一行文字：刘光典，旅顺人。没有具体情况的描述，因而我们并不能详细了解父亲牺牲的具体原因、时间、地点。因此，我看到父亲牺牲的消息后，有些茫茫然不知所措，加上看到的毕竟只是一纸文件，又有些难以置信。

后来我才知道，虽然这份文件中有关父亲的情况只有一行字，但实在来之不易。这是统战部根据一名 1950 年前后在台湾战斗过，后被国民党特务捕获，坐了十余年牢后被释放的共产党员收集到的情况起草、下发并要求落实的文件。材料虽然不完整、不具体，但却十分珍贵。同时，这又是一名在台湾战斗过的共产党员，克服各种困难，经过努力寻找，后经各方面研究认定情况非常确切的材料。之后，他又冲破层层阻力，将此消息转告了中共有关部门。中共有关部门决定，要将牺牲在台湾的这些同志追认为烈士。这份文件，使父亲的身份首次得到证实，使我们第一次得到正式的验证：父亲刘光典为了台湾的解放，被派到台湾从事隐蔽战线工作并献出了生命。但是当时有太多的具体问题并不清楚，我们渴望今后能够了解父亲更多的情况。

父亲被证实已经牺牲，寻找活着的父亲，并盼他有朝一日回到家中已无任何希望。从此以后，我开始更加留意中共地下党在台湾斗争这方面的消息。不久，有关台湾20世纪50年代前后发生的白色恐怖、台湾马场町行刑场、六张犁墓地等消息不断出现在我所能看到的内部资料中。通过阅读这些内部资料，我开始对那个年代台湾的情况有了初步了解。开始知悉在这段时间里，在台湾发生了大量中共地下工作者及进步人士被蒋介石、蒋经国残酷屠杀、关押的历史事实。父亲就是全国解放前去台湾从事隐蔽战线工作，后被捕牺牲的其中一员。根据中央的指示精神，当时成立了由民政部及有关部门人员组成的落实政策小组，抓紧调查核实有关情况，并进行落实相关政策的工作。工作人员非常敬业、负责，也十分辛苦。由于父亲参加革命时属中社部，后来组织机构变更、工作单位不断更换。父亲所在原单位一位姓庞的同志，冒着酷暑在北京各个派出所寻找我们，最后终于在北京东城区北新桥派出所户籍登记薄上找到了我们。与此同时，中共有关部门的同志们，根据中央的指示精神，也在抓紧调查核实有关情况，并进行落实相关政策的工作。父亲所在单位的领导及工作人员，同样在抓紧调查核实有关情况、落实相关政策。

终于，在1991年春节前的一个晚上，父亲所在单位的几位同志，将姐姐、哥哥和我召集在一起，对我们正式传达了一个重大情况，即我们的父亲刘光典于1949年全国解放前，为了台湾的解放，离开妻子、子女奔赴台湾从事隐蔽战

1992 年，我终于拿到了父亲的烈士证明书。

线工作，后被叛徒出卖，不幸被捕牺牲，牺牲时年仅 37 岁。组织上的同志们对父亲做了极高评价，并转告我们，追认烈士的工作将会抓紧办理，相关政策的落实工作也将进行。我们姐弟三人听到这一迟来的令人悲痛的消息，沉默良久，欲哭无泪。

当时，组织为我们安排了一席盛宴，但彼时没有一人动筷子品尝。然而，组织上正式宣布的消息十分笼统，很多详细情况不得而知，比如父亲究竟什么时间去的台湾，去台湾的任务是什么，准确的被捕时间、被捕后的表现、牺牲的时间、牺牲后遗体怎样处理等一概没有详情。但由组织正式宣布父亲已牺牲并将被追认为烈士，应视为进一步揭开父亲身份的重大进展与突破。

不久以后，相关部门开始办理追认父亲为烈士的手续。为了早日办理完手续，我于 1991 年春找到时任中共中央军委副主席刘华清秘书的李曙光同志，请他帮助办理。李曙光同志立刻给我拿来一份中国人民解放军总政治部印发的烈士登记表，当我要填表办理手续时，相关部门认为父亲当时并没有军籍，因而在办理追认烈士手续时，应走民政部门而不能走军队系统。

于是，我们又到民政部门办理父亲的追认烈士的手续。我记得十分清楚，经过与民政部门多次接洽，我和姐姐终于在 1992 年 9 月，在处于北京东四西南的北京市民政局，领到了父亲的烈士证明书。烈士证明书上签署的日期是 1992 年 9 月 9 日。就这样，父亲的追认烈士的手续最终在民政部门办理完毕，牺牲了的父亲正式有了身份。此件重要事项的完成，是由父亲所在单位的有关人员做了大量工作，走访了一些当事人及父亲的同事、战友，搞清了一些关键事实，出具了相关文字证明，最后完成的。与此同时，有关部门也为我们亲属及相关人员落实政策，哥哥和他的妻子、孩子等人，从河北肥乡县农村调回北京工作。

父亲单位及有关组织的同志做了大量调查研究及取证工作，提供给民政部门，使得父亲的追烈工作得以顺利完成。

那时发给我们的烈士证明书上，有这样的文字说明："刘光典同志在执行革命任务中牺牲，被评定为烈士。特发此证，以资褒扬。"在父亲的情况说明表中写有如下文字：

姓名：刘光典，性别：男，出生时间：1922 年，籍贯：辽宁省旅顺。

牺牲时间和地点及原因栏的说明则十分简洁：

"1958.2.3 因执行革命任务被杀。"（作者注：后经核实，父亲刘光典牺牲日期为 1959 年 2 月 4 日。）

在这里写的父亲是生于 1922 年，但为什么在早年户口登记上，父亲的出生日期为 1918 年呢？姐姐告诉我，原来在父亲与母亲相识后准备结婚时，姥姥请了一个八字先生测算前景，八字先生说父亲太年轻，不合适，但母亲家所有人都认为父亲很合适。为此，姥姥让父亲把出生日期改为1918 年。

在办理完父亲的追认烈士的手续后，北京市政府给我们户口所在地的北京市东城区人民政府下发通知如下：

东城区人民政府：

刘光典同志于 1958 年 2 月 3 日因执行革命任务被敌杀害光荣牺牲，根据《革命烈士褒扬条例》第二条第四项规定的条件，已批准为革命烈士。请发给其家属"烈士证明书"，并按革命烈士家属给予抚恤优待。

北京市人民政府 1991 年 7 月 21 日

在通知书上列出了父亲的亲属——姐姐刘玉芳、哥哥刘玉胜和我三个子女的姓名。

办完手续后，还有一件重要的大事要办，那就是，父亲虽然已被追认为烈士，但如何处理这一问题呢，虽然他的遗体尚未找到，但也应有一个表示的方式。当时，我们及组织上并不知道父亲牺牲后，敌人是怎样处置父亲的遗体的，父亲的遗体在哪里更是无法了解到的难题，但此时也不能没有任何表示。于是姐姐找到相关部门协调此事，八宝山革命公墓管理处决定在八宝山革命公墓骨灰安置处安排一个位置，象征性地放置一个空骨灰盒。于是我们姐弟三人买了一个八百多元的骨灰盒，将其安置在那个安置烈士骨灰的小院的西屋中，在骨灰盒上放置了一张父亲的遗像。就这样，父亲有了一个象征性的安身地点。

那时，八宝山革命公墓骨灰安置处室内的位置已经十分紧张，原来管理处工作人员打算将父亲的骨灰盒放在外面的骨灰安置墙上，后来经过协调，最后同意将父亲的空骨灰盒放在室内。如此处理，我们三个子女的心中都感到了些许的安慰，父亲终于有了一个象征性的安身之处了，这也是党和人民给予他的崇高待遇。但父亲的遗体英骨究竟在哪，我们那时一无所知。

为父亲办完追认烈士手续后，父亲所在单位又为父亲作出正式的组织结论。这份结论的内容为：

刘鸿梁烈士简历和组织结论

刘鸿梁烈士，男，1922 年出生，辽宁省旅顺人，商人家庭出身，旧职员成分，中专文化程度。1948 年11 月参加中国共产党领导的地下工作，担任地下交通员。解放前夕，受党派遣到外区工作，1953 年在台被捕，1959 年 2 月牺牲，英年 36 岁。

刘鸿梁烈士参加革命后，热情主动，不仅积极完成组织赋予的工作任务，而且将自己积攒的黄金和美元捐给组织做活动经费。1949 年 7 月，又服从革命需要，告别妻子、儿女一家四口，奔赴外区执行任务，表现了忘我的革命精神。他被叛徒出卖后，在逃亡中还不忘向组织报警，在长达三年的逃亡生活中，曾匿居山间，掘地为穴，过着类似原始生活，在恶劣的环境下，他仍继续坚持斗争，从事革命宣传，直至被捕牺牲。刘鸿梁烈士是我党隐蔽战线上的好同志，值得后人永远怀念。

（作者注：由于当时条件有限，此份结论与实际情况有多处差异。后经核实，父亲刘光典于 1947 年年初参加中共东北社会部大连情报处，于 1949 年 5 月告别家人，1949 年 10 月赴台湾执行任务。1954 年在台湾山中坚持斗争近四年，于 1954 年 2 月 13 日被捕，后被在狱中关押 5 年。1958 年底被国民党反动集团判处死刑，经蒋介石亲自批准，于 1959 年 2 月 4 日在新店安坑刑场被杀害，牺牲时 37 岁。）

作出此结论的时间是 1992 年 1 月 23 日。

看到这份组织结论，我们一方面对父亲满怀敬佩和热爱之情，另一方面对父亲所在单位，特别是为此做了大量具体工作的同志及政府相关部门充满感激之情。通过他们的辛勤工作和不懈努力，父亲终于有了正式的组织结论。所拟结论文字反映出，组织对他的评价极高，结论虽然不长，但面面俱到；情况论述虽然简单，但重点突出，我们对此十分满意。另外，这份结论对父亲的离家时间做了交代，即 1949 年 7 月。这时离新中国成立还有三个月。结论还描述了父亲曾被叛徒出卖，后逃入山中、在山中匿居三年，过着类似原始人的生活，仍然坚持斗争，从事革命宣传，直到被捕牺牲的闻所未闻的细节。这些文字描述，令我心中百感交集。父亲啊，您为了台湾的解放、祖国的统一，为了党和人民的革命事业的彻底胜利，放弃了个人和家庭的幸福，在新中国成立前夕，不顾个人安危，毅然奔赴一个充满艰辛和危险的战场；您以大无畏的革命精神和智慧，跨海峡，赴台湾，努力完成了上级交给的任务；最后，您在敌人的枪口面前，英勇无畏，从容就义，用您的鲜血，体现了一个革命者的英雄本色；您用您的宝贵生命，不但为党和人民带来荣誉，还为您的子女及亲人赢得尊严和荣耀！此时，我深刻认识到父亲是一名革命意志无比坚定、对党的事业无限忠诚的优秀战士，这使我们子女心中更加充满对敬爱的父亲的钦佩和尊重之情。

那时我已调到城里工作近十年，结识了一些统战、民主党派方面的人士，特别是认识了北京市台联的副会长叶芳等人。我的工作地点在王府井北口东安门大街 28 号，离北京市台湾同胞联谊会所在地——北京东堂子胡同很近。我便经常骑着自行车，到北京市台联去与工作人员进行多方面的接触，并从那里逐步得到了一些 1949 年前后蒋介石在台湾实行白色恐怖，以及 1992 年至 1993 年期间台湾社会发展的真实情况。这为我进一步搞清父亲去台湾的情况创造了条件。

2. 首次找到的证据

我开始从各个渠道看到更多的材料，其中包括蒋介石集团在台湾破获的多起所谓"匪谍"案件，也包括 1949 年前后，中共派往台湾进行地下斗争的若干组织情况，以及揭露国民党在台湾的暴行的一些内幕资料。

终于有一天，我了解到，李敖先生出版发行了一套《安全局机密文件——历年办理匪案汇编》。这份资料性出版物分上下两册，共约 50 万字，汇编了 1949 年至 1960 年十几年期间，国民党在台湾疯狂镇压、残杀中国共产党人和民主进步人士的共计164起案件的有关资料。此书是一本极具参考价值的文献，向人们展现了中国共产党向台湾派出的地下工作者，在台湾极其艰苦的环境中与国民党统治者斗争及被捕被关被杀害的情景。经过我认真查阅和汇总，我总结出：1949年中华人民共和国成立前后，中国共产党为了在1954年夏季解放台湾，向台湾派进三大系统。其一为中国共产党党组织，即以蔡孝乾为书记的台湾省工作委员会。其二为由李克农部长等中共隐蔽战线机构领导派进台湾的专门从事情报工作的隐蔽战线系统，包括华东局、华南局、东北局、福建军区。第三个是统战系统，包括民革中央、民盟中央、台盟中央等多个机构。

此书汇集了国民党安全局根据各特务机关破获有关案件的案情编写的报告，据介绍，原件是谷正文交给李敖先生的，内容十分可靠。我得知此书情况后，急于要买到一套，便托北京市台湾同胞联谊会的副会长叶芳帮我办此事，很快，叶芳便为我找到了此书。原来，这套书是一位名叫李清增的台湾同胞的，当他得知我急需这套书后，便立即送给了我，我真的从心里感谢叶芳副会长和这位台湾同胞。

得到这套书，我如获至宝，立即如饥似渴、没日没夜地认真阅读起来。在此书的最前几页中，有一篇《编辑概要》，我看到上面写着这样一段文字，大致内容如下：一、自1949年"政府"迁台以来，我各情报治安单位，破获肃防案件，为数不少，对于每一案件之进行侦破，均为我工作同志沥尽心血之结晶，亦为我各情报治安单位，对匪斗争工作过程中之最宝贵史料，惜因卷帙浩繁，分散保管，成为尘封之档卷，未作科学方法之整理。殊不能显示其可用之价值。二、过去各情治单位，办理肃防案件，在布线培养、侦查逮捕、审讯说服方面，各有瑕瑜。为谋发掘得失，俾利教育干部，策进工作，必须逐案分析研讨，始可获得结论。三、由于目前各单位已结案卷，大都疏存郊区。调阅费时，不仅单位与单位间，深感不便；即本单位内，亦难随时获取。能予逐案整理，循序汇编成册，则对于今后案件之查办参考，亦不无裨助。四、基于前列三项需要，爰于1958年9月，协调各有关情报治安单位，指派专人，成立小组，专事我各情报治安单位肃防旧案之整理研析，计第一辑八十案，业经整理完竣。均为1949年至1954年所侦破者。辑编重点，以逐案分别检讨为主。故内容方面，如阴谋策略、活动方式及优劣检讨等。在叙述上难免重复繁琐，惟吾人似正可由此八十案性质不同，时间各异之实际资料中，认识"匪党"在此时期，对台阴谋渗漏，活动方式之一贯作法。各案侦破进行中，由于各同志之辛勤努力，合于教育取法者固多。而因培养不够，收获未如预期之理想，及因求功心切，执行偏差者，亦偶有发现，均可作今后工作改进之参考。五、本辑工作，系属尝试，且因时间仓促，未臻妥善之处必多。我各情报治安单位及工作同志，如能多多提供意见，甚为欢迎。

这些文字，说明了这套书的内容、编辑、出版目的，可以讲是内容繁杂、文字缜密。当然也可以看出，书中处处渗透着蒋介石集团反共、反人民的反革命意图以及对中国共产党的仇恨。

有了这套书，我开始调查父亲真实情况的工作就有了一个良好开端，打下了一个坚实基础。但书中所述案件的真实性如何，我并没有十足的把握。我决定在阅读及研究的过程中加以鉴别与认定，当然，这只能说是个人行为。在我阅读完《编辑概要》，了解了编者的意图后，又重新阅读了本书的出版者——李敖先生专门为此书写的序文。在序文的开头，便是李敖先生对《匪台湾省工委会台大法学院支部叶城松等叛乱案》的评论。我看到上面写着这样一个内容：这个案子，共有叶城松（31岁）、张壁坤（30岁）、胡苍霖（31岁）、赖正亮（31岁）、吴玉城（26岁）五人判死刑，在1955年4月29日被枪决……除五人死刑外，蔡耀景（35岁）判无期，李显章（38岁）、钟茂春（34岁）、池仁致（33岁）、李显玉（28岁）、王新德（21岁）、黄其德（60岁）六人判十年……并在此明确指出叶城松于民国三十六年十月间，由奸匪李登辉介绍参加"匪帮"。

我立刻根据目录，翻到了此案所在的第186页。在第187页的中间部分，我十分意外地看到如下内容：胡苍霖、赖正亮、吴玉城等系民国三十九年间由王匪耀勋介绍加入，由组织移交叶匪城松领导，胡、赖二匪曾掩护另案奸匪王耀东、刘光典二人逃亡。并在卷尾录有"王耀东刘光典等匪，因组织不同，另案研析"等字样。

这是我首次在国民党特务机构编印的书籍中看到父亲的名字，并且同时看到，国民党反动派将我们备为尊敬、热爱、日思夜念的父亲称为匪。

令我十分震惊的是，在这套书的上册第191页上，我第一次看到了父亲刘光典案件的比较详细的案情。在被命名为《匪东北局社会部潜台匪干王耀东等叛乱案》中，我看到了令我十分震惊的内容，上面写着这样一段文字：侦破时间，四十二年二月十三日。（作者注：1953 年 2 月 13 日。但经我以后的调查，查实了侦破时间应该是 1954 年 2 月 13 日，误差为一年。）侦破地点为台南县。涉案人有：刘光典，年龄 34 岁，（作者注：应为 32 岁）籍贯：旅顺，处刑：死刑。判决书文号：刘光典　报奉"国防部"四十八年一月二十三日（48）诚敏字四一号令核准。死刑执行日期：四十八年二月三日。（作者注：此处又有日期误差，经我后来调查，父亲实际于 1959 年 2 月 4 日英勇牺牲。）

在案情详况中记载有关父亲的情况，从中我了解到，同年十月（作者注：1949 年 10 月），我情报部门由港派交通员刘光典来台，向其（作者注：王耀东）索取情报。1950年 2 月刘匪再度来台，（作者注：应为 1 月 6 日）传达匪方指示，促其（作者注：王耀东）赴港。旋因洪国式被捕，刘光典身份暴露，即由其掩护刘逃亡，并代刘保管洪匪情报。同年 11 月间，其弟王耀勋参加另一组织被捕，恐受注意，即随同刘一起逃亡。先后藏匿赖正亮、胡苍霖、李显章、李显玉、王新德等处。刘光典 1948 年（作者注：应为1946 年）在沈阳由洪国式吸收参加中共社会部，担任情报传递工作。1949 年 7 月至香港（作者注：应为 9 月），充任港台交通员，负责联络洪国式、王耀东二人。案经台湾省警务处刑警总队协同嘉义县警察局暨有关单位，将该王刘二人辑获，解送保安司令部审办。

在此案卷内，我还看到一段非常详细的记载，大致内容为：一、阴谋策略与活动方式：调查台湾各港口形势、地志、水位暨驻军番号及装备设防等情况，供匪进攻台湾之参考；调查台胞各阶层对台湾独立运动之趋向，及有关活动情况，以便加强统战工作；利用有关人士，秘密走私香港琉球，以开辟渗透及传递情报之路线，并伙以获取在台活动之工作费用。二、活动方式：直接受香港领导，在台不发生横的组织关系；专门负责搜集军事情报，不发展地下组织力量；以商人或游客身份，来往各地，接近士兵及民众，获取有关资料。三、通讯方法：由香港派交通员刘光典来台直接联络，并取回搜集之情报。搜集之情报，用米汤密写于包装茶叶纸上，随身携出。在情势不利时，用化名及暗语，由邮局发信至香港联络。四、应变准备：有危险时，即停止工作，设法逃亡或偷渡出境，利用亲友关系，获得容匿据点。在逃亡中，力求身份掩蔽，并以从事竹工谋取生活费用。在被捕时假装痴聋，以转移侦讯人员目标。

在关丁侦破经过的内容中，我获悉，1953 年（作者注：实际应为 1954 年）2 月 9 日据被抓获人胡苍霖供称，于1950 年间，曾由王耀东带同一外省人交彼及李显章等设法予以藏匿。经研判似为逃亡之高级匪干。乃于同月 12 日派员循线围山搜捕，至 13 日下午 3 时，始在旗山山间，将王刘二人缉获。

另外，在对本案之综合检讨的内容中，我还了解到，王耀东在逃亡期间，因与胡苍霖属亲戚，复因未研究胡属于台共组织，乃遂将刘光典交其掩护，致胡案发后，牵连己身，卒遭捕获。设使能及早究明胡身份，而避免发生横向关系，王刘二人或将仍可侥幸逃亡。

以上这些清晰地反映了父亲在台湾突遇险情，当地地下党为保护父亲而采取的措施，的确是不得已而为之。正如前文所述，当地党组织的初衷是好的，但却埋下了父亲身份暴露而被捕的隐患。

在案情的叙述中还提到，侦办人员获悉王刘匿居山中，因范围辽阔，恐查缉未周，被其逃脱。故调动当地义警协助围捕。惟其中有一义警池仁致，竟暗中报信，使王刘闻讯逃避，几功亏一篑。差幸当时侦办人员，尚能争取时间，加强围堵交通要道，及设伏防守，虽历时一昼夜，仍将其缉获。这说明，台胞对父亲怀有深情厚谊。在如此危险的时刻，池仁致不顾个人安危，冒生命危险通知父亲立即转移。看到这里，我对池仁致心怀感激与钦佩。

另外，我在案卷中还看到这样一段描述：中共隐蔽战线人员常利用走私渔船，作为渗入及逃亡工具，年来破获渔船走私案件中，亦常发现有利用渔船企图偷渡情事，今后对于海岸线保防工作，应予加强，以免疏漏。最后，国民党安全局特务在案卷中对父亲刘光典还有如下描述：匿居山间，掘地为穴，过着长年类似原始生活，仍执迷不悟，继续从事反动宣传，由此可见其思想受毒至深。

以上内容，是我第一次比较全面见到的有关父亲案件的文字资料。阅后我对父亲肃然起敬，十分感动，万分钦佩，我为有这样一个坚定革命信念的父亲而自豪。

同时，在认真翻阅《安全局机密文件——历年办理匪案汇编》的过程中，我还发现在另外几个案件中也提到了父亲刘光典。其一是《匪谍洪国式组织关系刘全礼等叛乱案》。我看到上面写着"同年10月洪派刘光典来台与华震联络，并考核其工作"的字样。

从以上案件所提及的文字，可以旁证父亲在台湾从事中共隐蔽战线工作的部分真实情况。至此，我对父亲在台湾从事中共隐蔽战线工作的大概情况有了初步了解，对进一步全面了解父亲在台湾的情况有了突破性进展。在认真阅读、分析、梳理案情资料后，父亲的情况大概有了如下轮廓：

（1）父亲于1948年（作者注：应为1947年）经中共隐蔽战线工作者洪国式介绍，在沈阳参加中共社会部工作，从事中共隐蔽战线工作，担任交通员。后来，随着中国革命的发展及需要，父亲被调到北平，担任中央情报机构的交通员。

（2）1949年10月及1950年年初，为了解放台湾，统一祖国，父亲先后两次到台湾执行任务，他具体负责的工作有三项，即：传达中央的有关指示；对在台湾的中共隐蔽战线工作者进行考核；取回有关情报，他在台湾的联络人是洪国式和王耀东。

（3）父亲第二次到台湾后，由于洪国式被捕，他在无法返回香港的情况下，在台湾党组织、台湾籍地下党员王耀东等人的保护下，在台南旗山躲藏了四年。但是，国民党特务机构于1954年破获了另外一个中共隐蔽战线组织，叛徒胡苍霖出卖了父亲。敌人闻风而动，在敌人准备上山抓父亲刘光典之前，有义警池仁致上山报警。父亲和王耀东闻讯后立刻转移，但是仍然没能脱身，不幸被捕。

（4）父亲被捕后，坚贞不屈，在被国民党关押了5年以后，最终于1959年2月初，被蒋介石集团杀害，终年37岁。

（5）父亲从1949年10月开始第一次进入台湾，至1959年2月在台湾被蒋介石集团枪杀，先后在台湾生活战斗了近10年。当时在台湾的中共高层领导如省工委书记蔡孝乾等人苟且偷生，背叛革命，出卖同志。但是父亲刘光典无论面对何种艰难困苦，仍坚持革命信念，不畏强暴，没有叛变。不仅如此，他还说服台湾籍共产党员坚定革命信念，做好迎接解放军解放台湾的内应工作。后来，由于多种原因，解放台湾的计划被一再拖延，父亲最后于1958年被国民党军事法庭判处死刑，并于1959年2月初被国民党杀害而光荣牺牲。这在中共从大陆派往台湾的大陆籍的地下工作者中，是少数人之一。

以上几点初步结论，是我经过近5年的认真调查，查阅相关书籍、文件、资料，在多人的帮助下，经过认真分析研究后得到的。但由于时间短，资料有限，很多详细情况仍然不清楚。比如父亲当时是如何取回那些情报的，情报内容是什么，他在山中的四年是怎样度过的，被捕之后他是如何被杀害的，这一切都有待进一步核实。但是，能够得到以上的初步结论，说明在查清有关父亲的重大问题方面，又有了突破性进展。但是，由于当时条件所限，我能得到的绝大多数材料，最主要来源就是李敖先生出版的这套《安全局机密文件——历年办理匪案汇编》。另外看到的一些零星资料，大多也是别的单位从这套书中摘录下来的。看到这些资料后，我更加深了此前产生的疑惑，即我看到的所有文字资料，父亲都被称为刘光典，但为什么在组织结论上将他称为刘鸿梁？

因此，为了得到有关父亲的更为详细的确切资料，从而解开众多疑惑，我又开始四处求助，艰难寻找其他资料。但真是如同大海捞针，困难重重。

3. 生死之交王耀东

在四处求助的同时，我个人并没有放弃进一步研究、了解父亲及相关人士事迹的努力。我决定，还是从《安全局机密文件——历年办理匪案汇编》入手。原因就在于，当时我的手中所有的资料，唯有它最全、最新、最可信。同时我了解到，这是由当时在台湾负责情治工作的谷正文提供的，因而我又重新拿起这套书，进一步认真、详尽地研读书中与父亲有关联的案件中的所有细节。

我在最直接、最详尽的名为《匪东北局社会部潜台匪干王耀东等叛乱案》的这份案件中，发现了一个与父亲关系极为密切，可称之为父亲的生死之交的名叫王耀东的人。王耀东何许人？他与父亲是什么关系？在案件陈述中，我获悉，王耀东于 1938 年 4—5 月间，投入延安安吴堡青干班（作者注：吴安青训班）受训。嗣入延安抗日大学。结业后在日文工作训练队及总政治部工作。1940 年始由谢振华、邱勇前介绍正式加入共产党。1945 年奉派赴哈尔滨伪市府及东北日报社任职。1948 年秋奉东北局社会部副部长陈龙之命，潜台工作。先至大连与高藤卢联络。1949 年春始由大连经香港潜台。

由上文可见，王耀东是 1938 年就参加革命的老同志。他在延安上过抗日大学，有着较高的文化水平，又接受过专门训练，后来成为中共东北社会部的一名隐蔽战线工作者。以后，随着中国革命形势的发展，由于工作需要，他于 1949 春即被中共派到台湾从事地下情报工作。可以说，他是一位资格较老、素质较高的台湾籍中共党员。无论在台湾还是在大陆，他都表现出一名优秀共产党员的坚定本色。因而，为了解放台湾，他最早被中共派入台湾执行特殊任务。之所以派他较早去台湾，就是因为王耀东有着很高的革命觉悟、坚强的革命意志，并且熟悉台湾情况。另外，案件中提到的陈龙，也是较早参加中共隐蔽战线工作的老同志、老领导。中华人民共和国成立后，陈龙曾担任公安部副部长。

中共中央指挥中国人民解放军胜利完成三大战役后，蒋介石感到大势已去，为下一步寻找他的安身之地而疲于奔命。在经过反复暗中策划和准备后，1949 年 6 月 24 日，蒋介石全家齐聚台湾。他选择了距台北市北约 10 公里处的草山为住地。蒋介石为了回避草山地名有落草为寇之嫌，将此地改为阳明山，搞了一辈子阴谋的蒋介石总算有了一个落脚之地。

台湾东临太平洋，西隔约 100 海里的台湾海峡，与福建省隔海相望，是中国最为富饶的宝岛之一，又是战略要地，由于独特的地理环境和位置，历来易守难攻。蒋介石看中此地，就是要利用其有利地形苟延残喘，伺机反扑。自他选定自己的退身之处后，便在极其保密的状态之中，要蒋经国安排、落实善后工作。其实，蒋经国也同样选中了台湾这个最终的落脚点。

根据蒋介石集团逃往台湾并妄图立足台湾，将台湾作为"反攻大陆"的基地这一安排，中共中央对于下一步尽快解放台湾，作出了各方面的重大部署。早在 1949 年春，中共中央就组织了台湾省的领导班子，确定舒同为台湾省委书记，刘格平为副书记，并配好了台湾省各职能部门领导人员。

1949 年 3 月 15 日，新华社发表《中国人民一定要解放台湾》时评。兵马未动，情报先行。中央决定，首先要加强收集台湾军事情报的工作，因而安排了既熟悉台湾各方面情况，又有着丰富的情报工作经验的一批同志，先行进入台湾，王耀东就是这样一位同志。根据王耀东的优越条件和工作需要，中共情报部门在 1949 年春，立即安排王耀东由大连经香港潜入台湾，同时明确了王耀东担负的主要任务是尽快收集在台湾的国民党军事情报，以后又安排华震等同志从上海转道进入台湾。

1949 年 7 月 30 日，毛主席、朱总司令专门致电华东军区陈毅、粟裕、张爱萍：新中国就要成立了，希望你们抓紧做好解放台湾的准备工作，加强海军力量，做到中央一声令下，随时歼灭敌人。为此，陈、粟等人认真研究部署解放台湾的各方面准备工作。王耀东等同志一进入台湾，便抓紧时间，收集到大量重要军事情报。按原计划，王耀东应于潜入台湾后三个月，设法带着收集到的情报离开台湾，返回大陆。为此，当时组织上为王耀东进入台湾开展工作与离开台湾等步骤，都作了周密的策划与安排。明确了王耀东在台湾的工作任务与联络方法，规定了与在台中共情报工作人员用"水路""籐高"为联络暗语，并设定了书写情报用的代号与暗语。

王耀东进入台湾后，虽然收集到了不少情报，但他没能按原计划在三个月后返回大陆。为了尽快取回这些重要情报，中央情报部门采取了第二套方案，决定派父亲刘光典去台湾取回这些情报。于是，父亲刘光典冒着极大的风险，踏进台湾，执行组织交给他的艰巨任务。

由以上情况可以看出，当时中央情报部门对台湾情报工作非常重视，在人事安排及指挥部署上是非常周密紧凑的。由此也可以了解到，当时的中央情报部门对父亲刘光典与王耀东进行了工作分工：王耀东负责收集情报；父亲刘光典的任务是通过华震与王耀东联络，向他传达上级指示，取回情报，并经其他途径速报中央。在此案的文字资料中，父亲的名字列在此案涉及的两个人之中，可见父亲也是此案的重要涉案人员。

在此书有关案情中，我看到了这段记载：

王耀东，年龄48岁，籍贯：台南，处刑：死刑。判决书文号：王耀东 报奉国防部1955年4月25(44)理琦字第一一六五号令核定。

同时，我从资料中了解到，国民党反动派对王耀东执行死刑的日期是 1955 年 4 月 29 日。由以上文字可见，王耀东为了台湾的解放、祖国的统一在台湾执行革命任务，不幸被国民党反动派抓获后杀害，最终献出了生命，终年 48 岁。

通过对《安全局机密文件——历年办理匪案汇编》的认真查阅、深入研究和仔细分析，我最后搞清了如下事实：王耀东是 1949 年春从大连出发到台湾，他当时属于中共中央东北局社会部的工作人员，是较早进入台湾的中共情报工作者。他的上级领导是东北局社会部的高藤卢。而父亲是 1949 年夏初，从北平出发到武汉、香港，从香港再到台湾的。他的上级是当时中央情报部门，在香港的联络人是高远同志。由于王耀东是先于父亲进入台湾，又收集到了重要军事情报，为了及早取回情报，父亲被安排于 1949 年 10 月下旬去台湾。此时，随着中国解放战争的迅速发展及中共情报工作的变化，中央有关部门对情报机构及人员也在调整，逐步形成了统一组织、统一安排、统一使用的新局面。为了取回这一较早得到的、来自台湾第一线的重要军事情报，中央情报部门在作了周密安排后，将父亲派往台湾，并安排由华震及王耀东接应。

但此案名称为何是《匪东北局社会部潜台匪干王耀东等叛乱案》呢？现在看来，国民党特务机构在 1950 年前后即掌握了王耀东和父亲的情况。其情报来源很可能出自国民党破获的中共其他情报组织，因而得知王耀东是当时东北局社会部派出的情报人员。根据中央情报部门统筹安排，台湾籍中共地下工作者王耀东接应父亲刘光典后，又为了掩护和保护父亲，在台湾陪同父亲逃亡了四年，在王耀东和父亲刘光典被捕之后，国民党特务部门将父亲刘光典归于此案同时审理。实际上父亲刘光典此时属于中共中央社会部（作者注：后变为中共中央调查部，以后又被转到总参某部），并接受中央社会部下达的任务，担任赴台交通员。

根据以上资料，我了解到如下情况：父亲刘光典参加革命时是中共大连情报处工作人员，后来是当时中共中央情报部门派出的重要工作人员，而台湾籍的中共隐蔽战线工作者王耀东，曾属于中共中央东北局社会部成员。事实证明，王耀东是一名非常难得的、生在台湾、熟知台湾情况、有众多社会关系的中共隐蔽战线机构人员。

至于此次组织上为何派父亲刘光典去台湾执行任务，我想可能原因如下：第一，收集情报工作是一件既危险又有相当难度的工作。考虑到王耀东进入台湾的时间是1949年春，他如果按原计划于1949年年中返回香港，在三个月内王耀东可能来不及得到太多有价值的情报。第二，收集情报工作是在战事发展中进行的，过早和过晚收集到的情报都会失去有效的参考价值，作用都不会太大。1949年年中，中国人民解放战争正在长江以南进行，因而对于何时解放台湾，中共中央很可能还没有制定明确的时间表，因而还不急于立即取得在台湾的情报，因而王耀东返回大陆的计划被推迟。第三，随着解放战争的进展，到了1949年10月，中共中央初步确定了于1950年6月前后解放台湾，此时的情报工作极为重要，因而加强了中共中央在台湾的情报工作，派父亲刘光典进入台湾，取回一批重要情报。

4. 东北同乡洪国式

经了解还有一个与父亲刘光典关系非常紧密的人，那就是洪国式。父亲刘光典是在 1946 年年底在上海由洪国式介绍参加革命，成为一名中共中央社会部成员，从事党的地下情报工作的。我在进一步认真翻阅和研究《安全局机密文件——历年办理匪案汇编》时，与此书中的《匪东北局社会部潜台匪干王耀东等叛乱案》案件相比较，王耀东案中涉及父亲的案情十分详细，而另一案件即《匪谍洪国式组织关系刘全礼等叛乱案》中，有关父亲的情况记载较为简单。此案牵扯了众多人士。其中被判死刑者就有九个人，分别是刘全礼、郭秉衡、张大礼、刘天民、江德兴、胡玉麟、王平、邹曙、华震。另外有乔言忱、钱汾、李宗昌、赖家振、萧枫、范垂业、刘守维七人分别被处判有期徒刑六个月到二年不等。

在《匪谍洪国式组织关系刘全礼等叛乱案》案件中，有文字分别记述了案情及涉案人员情况，从中我看到了这样一段记录：刘匪全礼为叛徒刘多荃之子。前充东南长官公署作战部参谋。经管东南区业务。缘有匪中共中央政治局潜台负责人洪国式者，与刘多荃友善。洪由港来台，乃持刘函访晤刘匪。并邀刘匪参加其地下组织。刘以洪匪既经其父函介，乃表示愿意加入。接受调查军事情形，拉拢高级军官，为匪扩张组织各任务。曾将在台团以上之驻军地点，高雄基隆要塞炮兵阵地，驻台各军兵力武器及设备，暨装甲车数量等情报，交与洪匪。并介绍钱汾与洪认识，籍以策反空军。钱虽未为所用，但未向治安当局检举。

由以上文字可见，洪国式在台湾工作时，通过打入国民党军队内部，收集到不少重要军事情报。刘全礼同志是本案中一名极其重要的人员，他为了顺利解放台湾，冒着生命危险，战斗在敌人心脏里，收集和提供了大量有价值的军事情报。刘全礼后来被台湾国民党特务机构抓获，并于1950年10月1日被枪杀，成为一名为祖国统一献出生命的革命烈士。

在记述本案另一成员郭秉衡烈士时，我从书中描述获悉，原来，郭秉衡系保安司令部政工处科员。南京陷匪时，他曾任二野军军政大学军需员，1948年在沪与洪国式相识。1949年12月偕洪来台，在船上经洪说服参加"洪匪"组织。担任收集军事情报，及策反海陆空军中级官佐任务，曾藉保安司令部掩护，在该部图书室盗取军事接收总报告、有关本省交通公路网及花莲港状况附图四张，交与洪国式。并吸收张大礼、王平参加洪组织工作。

此处提及的张大礼、王平的情况，没有详细介绍，但他们与郭秉衡一起光荣牺牲。

书中讲郭秉衡是在来台湾的船上，被洪国式说服加入中共地下组织，似与实际情况相悖，因为如此重要之事，洪、郭二人都不可能如此轻率地进行商谈与决策，内中必有更深层的、国民党特务机构没有掌握的内情。同时，在案件中，我还注意到这样一段描述：洪另有同乡华震，在东北与洪认识。上海陷匪，洪乃向华表明身份，为匪中央大员。华当即允参加匪党组织。1949 年 9 月，华由港先行来台，因台中北方企业公司经理刘天民，系其姊夫，乃匿居刘寓。洪来台后，利用刘之商行关系，办理身份证明。

这里又提及一刘姓人士刘天民和另一成员华震，我在案情摘要中看到，1949 年 9 月，华由港先行来台，因台中北方企业公司经理刘天民系其姊夫。从这段描述中可以看出，刘天民身为位于台中市北方企业公司的经理，也是一个十分重要的人物，他所开设的北方企业公司，实际上是中共地下组织在台湾的重要据点。这个据点为中共地下工作者进出台湾，在台湾居住、联络，开展工作提供各方面便利条件和可靠保障。接着，在有关案情的内容中，我终于看到了父亲的出现，原来，就在同年 10 月，洪派父亲刘光典来台与华震联络，并考核其工作。父亲刘光典为刘天民之侄。

通过以上文字，可以分析出：一是父亲第一次去台湾执行任务的时间是 1949 年 10 月。二是父亲到台湾执行任务，是受中共中央情报部门委派。三是父亲去台湾的任务是与华震联络并考核其工作。四是父亲去台湾是通过刘天民的公司办理的手续，并以刘天民侄子的身份进入台湾。但此身份的真实性，还有待考证。

案情中还提到案中的另一人，即台中市健元医院院长江德兴。他是由华震介绍加入中共地下组织的。我在案情记录中了解到，华震在该院治病时，由其谈及上海解放情形，暗示台湾不久亦将解放。江本思想"左"倾，故经华一说即服，并曾与洪晤面。这时的江德兴也在台中，从案情可看出，在 1949 年年底到 1950 年年初，台中市是一个中共地下组织力量非常强大的重要城市。在这里，中共地下组织有着可靠的据点、十分完善的组织系统、相当得力的工作人员、较为充裕的活动经费，工作也取得了一定成效。

国民党特务机构对此案非常重视，在破案后认真分析了这一组织的各方面情况。在分析中，有一段题为"阴谋策略与活动方式"文字，大致内容如下：

（1）利用舟山撤退，蒋方处境最为艰苦之际，谰言即将军事解放台湾，籍以诱骗一般动摇军公人员，及投机商贾为其驱使。

（2）利用蒋方过去在大陆曾任高级司令官之旧人事关系，进行军事情报之搜集，与陆空军人员之策反。

（3）利用投机商人之关系，作走私不法活动。以设法充裕匪谍组织经费来源。

（4）诱骗思想"左"倾之本省同胞，加以吸收后，令其设法建立组织，并从事离间台胞与外省籍同胞间之情感。

（5）利用文化工作者，设法予以吸收。以采访新闻姿态，进行我方经济社会等方面情报之搜集。

（6）中共"敌工"为在台工作中心。其方式在海空军中积极广泛建立工作据点，以其为核心，再予扩大，以达成分化内部，敌前集体起义的目的。

（7）中共在台地工，原则不以组织形式出现，因历史教训，大多组织之被破获，均系被蒋方派人打进组织而失败。

（8）群运工作，因条件恶劣，非短期内可以发动，所以暂不积极进行。

（9）保持台港交通，非常重要，所以应特别注意明了走私情形，及开展走私路线。

在通讯方法栏中，我看到上面介绍：中共在工作进行初步阶段，为免对方严密检查，暂不利用邮政或电报工具进行通讯。而以走私和跑单帮方式，指派有经验之人员，担任专责交通递带。工作有基础后，再设法建立电台。

最后在叙述洪国式组织被侦破经过中有这样一段描述：本案系运用内线，较为成功之一案。于侧面调查了解洪国式身份后，即以较为技巧之方式，加以逮捕。详情另在检讨中，再加说明。

接着，又另立一栏目叫作"对本案之综合检讨"，我在上面看到了一段关于整件案情比较详细的描述，大致内容如下：本案主犯洪国式，系中共高级派遣人员，来台后已发展组织关系，遍及我社会各阶层，如不及时破获，其影响自可概见，仅从左列各点，加以探讨：

（1）中共认为台湾工作条件，有有利之一面，亦有不利之一面。所谓有利者，即指台湾各阶层人士，均呈现普遍动摇投机现象。而不利条件，即属军警特工罗网严密，稍一不慎，即可遭破坏。故洪国式针对前项所谓乐观条件，在工作发展上，使用所谓"里外组织配合"方式。此项方式特点为：如发现有价值之对象后，即报与中共组织，尽量运用高级干部，书写介绍函件，交与在台地工同志，经与接洽，联络说服后，加以争取吸收。例如洪与刘全礼之关系，即系由中共安东省主席刘澜波，函介刘多荃，再由刘致函其子刘全礼与洪认识，为洪工作。此一方式，在人心动摇之际，颇易收效，似宜特别警惕。

（2）关于不利条件之应付，洪则采用：不多做群运工作，如不以组织形式从事工作。换言之，即发展及吸收工作，虽照常进行，但不以组织形式出现。如遇任何同志发现问题，或需解决问题，即由领导同志个别谈话，予以解决。教育工作，亦循此方式进行。不再开小组会议，避免横的联系，或开会形式，以减少蒋特工人员注意。从以往吾人破案经验统计，洪使用这一原则，确较新颖，颇值我方办案或侦查人员之参考。

（3）洪在工作布建与斗争方面，虽有其若干颇符情报谍报，使用原则之处。但缺乏警觉，乃为其失败之致命伤。所以本案之侦破，主要线索来源，即为洪亲信关系人提供。即此一端，已足以说明其用人失察之误。而另一方面，洪于我方使用技巧，以突袭检查方式，在火车站将其捕获后，洪在派出所一次，甚至二次，以便条请援，均被警察以收件人不在，无法将信递到为辞，诱骗赓续暴露其工作关系。就地下工作斗争技术言，稍具经验者，似即应有所怀疑与警觉，并详加分析。乃洪犯因求离派出所心切，一再以通讯方式，泄露工作人员姓名及地址。至令重要关系，瓦解于顷刻。似此因警觉性不够，而遭致工作重大损害之教训，深足为蒋方人员所警惕与切戒！

此案给我留下极其深刻的印象，原因在于案中再次提及父亲刘光典的名字，同时带出父亲与此案中最主要人物洪国式的关系，还涉及了众多相关人员如刘澜波，甚至还有父亲的一个叔叔刘天民。另外，从国民党特务人员对此案的侦办过程来看，这些特务是颇费力气，有备而来。

　　仔细阅读与分析、研究此案后，我认为这是国民党破获的中共隐蔽战线机构中的一个极重要案件。说其重要，首先，在于案中主要人物洪国式是中共中央情报部门直接派出的地位较高的情报人员。其次，此案的案情涉及收集到的台湾国民党军事当局的密级最高的军事情报，而且这些情报最全面、最新、最详尽。再有，正如国民党特务所言，此案人员已牵扯到台湾当局各个部门、社会各行各业。因而国民党反动集团认为，此案不及早破获，会给在台湾的国民党政权造成严重威胁和极大损害。最后，国民党特务机构破获此案后，特务人员虽心有余悸，同时却沾沾自喜，扬扬得意，从案情分析的字里行间都透露着这种种信息。

　　此案给我留下深刻印象还表现在，国民党特务人员对案情的分析叙述方面。文中详细记述了洪国式地下组织的任务、活动特点。另外，在对洪国式的评价上，既肯定了洪国式在情报工作方面的成功之处，也点出了其不足。可见国民党特务机构对此案非常重视，颇费心机。阅过此案材料之后，我又产生了种种疑惑，第一个疑惑是案中提及的，破获此案是利用内线，即国民党特务人员打入中共这一情报机构。那么，他们是派什么人、又是怎样将所谓内线派进中共这一情报机构的。第二个疑惑是国民党特务人员是怎样抓获洪国式和其他成员的。第三个疑惑是案中共有9人牺牲、7人被判刑，但是对于如何处理洪国式却只字未提。洪国式被捕后表现如何，最终结果如何不得而知，我想，这也是我应该搞清的一个重要问题。

此处提及的洪国式其人，我们早有耳闻，那是听家中其他亲戚谈到的一些情况。在姐姐的记忆中，她曾于1948年年中，在当时位于东四牌楼附近的红星电影院，由父亲刘光典带着见过洪国式。父亲拉着她的手，在黑暗的电影放映厅内，与一个叫洪叔叔的人悄悄谈话。另外，听其他亲戚说洪国式是父亲的战友，是个老资格的中共地下党员。从案情中讲"洪派匪刘光典"词句判断，洪国式应是父亲的上级领导，不然不会有"派"这样的字眼。不过，此时我还没找到任何更为详细的资料可证明父亲与他的关系。以上提及的几个疑惑，更增加了我要进一步搞清中共隐蔽战线组织当年在台湾详尽情况的信心与责任感。

阅过以上几个案情资料后，我收获极大，但为了更加严谨，为确保万无一失，我静下心来，不禁向自己发问：这套书中有关父亲的案件资料的可靠程度如何？是否是国民党特务们瞎编乱造的呢？为了鉴别这份材料的真实可靠性，我拿着这套书找到中共有关部门征求意见，有关部门基本认同该书所列材料。最有说服力的是，中共有关部门为父亲出具的那份组织结论。

与《安全局机密文件——历年办理匪案汇编》中有关父亲的案情进行对照，可以认定，此份结论前部分是根据有关部门掌握的有关父亲在大陆的革命经历及相关情况写成的，这使我感受到父亲忠实于党的事业、大公无私的高尚品德，而后部分基本上是依据《安全局机密文件——历年办理匪案汇编》上涉及父亲案件提及的材料写成。可以讲，结论对父亲的评价是不低的，这份结论可以说是对父亲的盖棺定论。同时也说明《安全局机密文件——历年办理匪案汇编》基本可信，进而证明了父亲在台湾进行革命工作的真实可靠性。

联系到李敖先生在序文开头便列举的案件，以及其他仔细查阅到的书中相关资料，父亲在我心目中的地位越来越重要，他在台湾的情况绝非一般。同样，我感到我的责任越来越重，作为刘光典烈士的儿子，我更加感到有责任把父亲的情况搞个水落石出。

当时，我认为需要进一步解决的有关问题包括：父亲在台湾的更为详尽的各方面情况，比如他在台湾进行地下工作的详细情况；在台湾南部旗山是如何躲避敌人追捕的；父亲被捕后被敌人关押了近五年，这五年中父亲的表现又是怎样的；特别是父亲被杀后遗体是怎样处理的；等等。

一天，我突然想起了中国红十字会，这个机构应该在了解这些问题上能够发挥一些作用。于是，我便拿着这本书来到中国红十字会，找到副秘书长曲折。我把书中的内容向曲折副秘书长做了介绍，并请他安排人与台湾红十字组织联系，帮助了解父亲的情况，寻找父亲的遗体。曲折副秘书长对此事非常重视，他认真听取了我的情况介绍，并做了书面记录，热情地答应一定尽力帮助。但我一直等了很长时间也没有等到回音，那时候两岸尚未建立任何联系机制，因而不可能有任何进展，但我还是非常感谢中国红十字会的曲折副秘书长。

5. 三个未解开之谜

经过查阅《安全局机密文件——历年办理匪案汇编》，我较为全面地了解到1949年至1959年这十年中，国共两党在台湾进行的一场十分惨烈的谍报战。

被国民党破获的有关案件情况：

《安全局机密文件——历年办理匪案汇编》一书共列出了162个案件，被国民党特务抓捕的涉案中共派台人员及进步人士共约2100人，其中被杀害的约500人，被判刑坐牢的约1600人，包括中共台湾省工委书记蔡孝乾在内的背叛者约50人。经过国民党特务机构及军、警、宪、特人员对中共地下党的残酷追杀，在台湾的中共隐蔽战线组织基本上被全面破坏，绝大多数中共隐蔽战线工作者被杀害。这其中包括非常优秀的中共隐蔽战线上的精英，有多年从事地下情报工作的朱枫、张志忠、王耀东、刘特慎、刘天民、计梅真、林英杰、苏艺林、于凯、陆效文、赵守志等一大批同志。打入国民党军队中的中将级将领有吴石、陈宝仓、李玉堂等五人，他们已在台湾国民党军队中任"国防部参谋次长""台湾防卫副司令"等高官，还有老资格的国民党高级将领李友邦等人。

被蒋介石集团杀害的在台中共隐蔽战线工作者，可称为中国共产党的优秀党员、中国人民的优秀儿女。比如其中的朱枫，也叫朱谌之，是一名非常有经验的中共杰出的女地下工作者。她于1949年11月完成了在香港的任务，已经准备返回大陆。但由于当时解放台湾工作的需要，受组织派遣，她进入台湾，与当时的中共台湾省工委书记、后背叛投降的蔡孝乾联络，并拿到吴石收集到的重要军事情报，按组织安排托交通员将情报顺利带回大陆。在她圆满完成任务，准备返回大陆时，却因种种原因身份暴露后，立刻得到警报，在吴石的帮助下，她搭乘国民党飞机十万火急地撤离台湾到达定海，国民党特务追到定海，她见无法脱身，吞下身上所戴金饰，以死相抗。但朱枫仍然没能逃出国民党特务的魔爪，继而被抓获杀害。

另外被捕牺牲的吴石将军，于解放战争时期与中共建立联系，并为中共做了大量有益的工作。蒋介石集团逃到台湾后，他被蒋介石集团任命为"国防部参谋次长"。吴石于1949年年底到达台湾后，利用有利条件，收集到了大量极具重要参考价值的情报，先后将这些情报或送到香港，或交给朱枫。后来，由于蔡孝乾叛变及其他原因，牵扯到吴石及其夫人，结果吴石与其夫人及吴石的主要助手，被国民党特务发现而被捕。吴石及助手聂曦、国民党军队中的中共党员陈宝仓等同志被敌人捕获后，保持了革命者的高风亮节，这些同志于1950年6月10日被蒋介石集团残酷杀害。

在蒋经国亲自指挥下，国民党反动集团在台湾大举围剿中共在台组织及人员。先后破获"匪高雄工作委员会刘特慎案""匪台湾省工作委员会邮电总支部计梅真等叛乱案""匪台湾省工委会台中武装工委会施部生等叛乱案""匪中央社会部潜台间谍组织苏艺林等叛乱案""匪台湾省工委会铁路部分组织李生财等叛乱案""李妈兜等叛乱案""匪台湾省工作委员会学委会李水井叛乱案""匪社会部潜台匪谍张去非等叛乱案""匪中央社会部潜台余党于凯梁钟濬等狱中叛乱活动案""匪台湾省工委会中部武委会李汉堂叛乱案""苏俄国家政治保安部潜台间谍汪声和李朋等外患叛乱案"等数百个案件。

通过阅读、研究《安全局机密文件——历年办理匪案汇编》这套书，我初步了解到 1949 年前后中国共产党在台湾的组织情况，为解放台湾，中共中央相关部门及地方组织开展工作的概况。现初步总结如下：（一）中共在台湾的组织状况。当时，在台湾的最高领导机构是中国共产党台湾省工作委员会。书记为蔡孝乾，副书记为陈泽民。另有张志忠、洪幼樵任委员。在台湾省工委会领导下，他们在台湾各行各业建立了非常完善、深入台湾社会各个部门、各行各业的各级党组织。这些组织有的建于日本占领台湾时期，但大部分建于抗日战争胜利之后，大多在 1948 年前后建立。其中的党员大部分是台湾籍人士。

（二）中共在台湾隐蔽战线系统相关人员的基本情况。由于蒋介石集团于 1949 年春天即已确定逃往台湾，因而中国共产党相关组织及情报机构也开始向台湾派入地下组织及情报人员。当时派入的隐蔽战线系统人员除中共情报机构外，还包括华东局。后来随着三大战役及解放战争的进展，又将原属东北局以及华南广东、福建的一批具有实践经验的隐蔽战线工作者派入台湾。至 1949 年中华人民共和国成立前后，中共中央计划在 1950 年年中解放台湾，为了落实这一重大部署，将我党专门的情报部门的人员派入台湾。

（三）中共在台湾的地下组织及情报机构大多数被破坏。在翻阅《匪台湾省工作委员会叛乱案》这一案件时我了解到，此案共有 15 名涉案人员。其中有书记蔡孝乾、副书记陈泽民、委员洪幼樵及许敏兰、蔡寄天、陈克鸣、马雯鹃七人处理为自新，张志忠、谢富为死刑。林青、张世藩、李振芳、杨克村判 15 年，林坤西判 3 年徒刑。我在案情摘要中了解到：中共中央于 1945 年 8 月，派蔡孝乾为台湾省工作委员会书记，蔡 9 月从延安出发，潜行三个月后，于同年 12 月底始抵江苏淮安，向华东局（原称华中局）书记张鼎丞、组织部部长曾山，洽调来台干部。1946 年 2 月，蔡率干部张志忠等，分批到沪，与中共华东局驻沪干部会商，并学习一个月，同年 4 月，首批干部先由张志忠率由沪搭船潜入基隆、台北开始活动。蔡于同年 7 月潜台领导组织。并正式成立"台湾省工作委员会"，由蔡任书记，直接领导"台湾学生委员会""基隆市工委会""台湾邮电职工工委会""兰阳地区工委会""台北市工委会""北峯地区工委会"等机构工作（后交由徐懋德统一领导）。先后以陈泽民任副书记兼组织部部长，领导台南、高雄、屏东等地区工作。洪幼樵任委员兼宣传部部长，领导台中、南投等地区工作（后交由张伯哲领导）。张志忠任委员兼武工部部长，领导海山、桃园、新竹等地区工作（后交由陈福星领导）。案经保密局侦悉破获。

中共台湾省工作委员会在台工作策略为：

（一）"紧密团结工人、农民、革命知识分子"，"以反美帝反国民党官僚，实行民主自治为纲领"，号召"全省各阶级人士（包括外省同胞与高山族同胞），组织广泛的爱国爱乡民主自治统一战线"。先展开"不合作运动"与"反抗运动"，最后实行"武装起义"，"配合人民解放军解放台湾"。

（二）严密党的组织：秘密原则、秘密纪律的彻底遵守，与工作技术上的讲究改进，使组织更加严密。且必须同时注意新干部之培养。

（三）坚持城市与乡村并重的工作方针：将工人与农民结合起来，并注意沿海渔民工作。

（四）加强高山族同胞工作：动员高山族同胞，与台湾同胞联合共同斗争。

（五）展开外省同胞工作：争取外省人士，站到爱国统一战线上。

（六）进行统一战线工作：对全省工商业者、地主以及"半山""靠山"与上层人物，均须予以争取团结。

（七）渗入敌军工作：对"反动军队"，多方设法予以争取与瓦解。

主要的活动方式为：

（一）进行"敌军工作"：包括调查敌军驻军地点、军械库地址、中级军官住址、争取和瓦解敌军等。

（二）开展职工工作：包括发动组织产业工人进行斗争。

（三）建立"台湾人民武装"：建立、组织、扩大人民武装力量。

（四）开展高山族同胞工作：争取台湾最主要、数量最多的高山族同胞参加革命斗争。

（五）加强统一战线工作：提出了"台人治台"的政治口号，并确定共产党应成为台湾进步力量的核心。

（六）通过民主方式开展群众运动。

（七）配合解放军作战。包括了配合作战的具体工作，如在海岸、港口、要塞、交通要点，加强党的组织，发展群众小组。在解放军登陆点，加强宣传工作鼓励人民带路和出售粮食。各级党组织，应抽出干部，团结群众中的积极分子，组织调查委员会，准备"接管"工作。

主要通讯方法为：

（一）无线电联络通讯（电台迄破案时正筹建中）；

（二）密写与隐语通讯；

（三）拜访方式；

（四）交通联络。

同时，在侦破过程中，我还看到了这样的记载：由破获"基隆市工委会支部"及"光明报"案内获得线索，通过研究线索，开展侦察，于1949年10月31日，在高雄市三民区德北里十六号，先将台湾省工委会副书记陈泽民逮捕。1950年1月29日，复在台北市泉州街二十巷十六号，将蔡孝乾捕获，并根据供词，逮捕洪幼樵等十三人归案讯办。

在对本案之综合检讨中，我看到了一段记载着"共方"和"蒋方"的文字，内容大约是这样表述的：

关于"共方"：

（一）中共中央及华东局，对台共组织之建立，与干部之选派，审慎周密，足证对其配合进攻台湾工作，寄予甚大之期望。

（二）蔡孝乾因离台十八年，对台湾形势隔阂，唯恐暴露身份，避免与亲友接触，而从旧台共之关系中，先行设法联络，然后作为发展工作之桥梁，实属稳健持重。

（三）中共通过本党高级干部李友邦之妻严秀峰，及其秘书潘华（均为中共党员），进行搜集情报，掩护工作，其渗透方式，极为正确。

（四）共方利用刘登民、登先、登峰（均为中共党员），与台湾电力公司总经理刘晋钰之父子关系，进行说服与"策反"工作，颇获成功。

（五）共方运用群众关系，进行工作，多有成就，例如：利用李木德、王德明关系，筹设"华盛行"。利用陈克鸣、陈定中关系，为洪幼樵夫妇办理出境证等。

（六）中共在上海以"台湾同乡会"理事长李伟光，为其对台工作之"交通联络站负责人"，解决食宿交通等问题；在台北开设"大东印刷所"，印制反动文件，在基隆以"三荣行"为交通联络机关，掩护工作；及另在台北开设"建昌行"与"华盛行"解决经费与住房问题，均切合秘密工作之原则。

（七）"共匪"之"渗透阴谋策略"及"活动方式"，均系根据其实际需要所策定，极为周密与毒辣。

（八）中共台湾省工委之组织发展，甚为迅速。例如，1947年"二二八"事件时，仅有党员七十余人。1948年6月"香港会议"时，已有党员约四百人。至1950年8月，党员竟增加至九百余人。

（九）中共各级组织基础忠实程度，均不够坚强，一经破获追捕，实行全面动摇，终至瓦解。

（十）台共与中共中央，缺乏直接联系，与华东局联系，亦时断时续，迄"台省工委会"破获时止，其电台尚未建立，既可概见。

（十一）"匪党"在"二二八"事件中，所领导之台中谢雪红部，及嘉义之张志忠部，因无联络配合，又互存依赖心理，各自为战，致全部覆没。而军事干部缺乏，部队未经政治教育，工农群众毫无斗争经验，均属失败之主要原因。

关于"蒋方"：

（一）主办单位破获中共"基隆市工委会支部"及"光明报"案之同时，即加紧向中共省工委会之秘密组织，深入穷追；自1949年10月31日起，至1950年2月16日止，先后将工委书记蔡孝乾及陈泽民、洪幼樵、张志忠等捕获，情报灵活，侦察确实，审讯细密，破案迅速；尤对中共负责人运用优待与说服等方式，使其乐于提供组织关系，致得以彻底侦破，均足取法。

（二）蒋方人员从多方设法，终能查出蔡孝乾泉州街之确实地址，及秘密利用邻长协助监视，与工作人员匿居蔡之住宅内，耐心守候达十余日之工作技巧及工作精神，均切合侦察与逮捕人犯之要求。

（三）蔡孝乾伴蒋方特务追寻中共人员时，于黄财家中乘隙逃脱，旋及为我运用机智，复将其逮获，且于搜索捕蔡之线索中，引发侦破中共山地工委会简吉等一案，实已发挥高度斗争技巧。

（四）台湾省工委会电台，因恐被我电信侦测机构侦破，迄破案时尚未建立完成，足证我电检工作，极具效果。

（五）国民党高级干部李友邦之妻严秀峰，及其秘书潘华，均为匪党员，利用李之关系，掩护身份，搜集情报；以及台湾电力公司总经理刘晋钰之子登民、登元、登峰，均为中共党员，暨刘本人投靠中共等，我有关部门事先竟毫无觉察，实属疏于考核防范与缺乏警惕。

（六）中共在台，先后开设"大安印刷所""三荣行""华盛行"等商号，从事开辟财源及掩护工作。类此做法，常能行之有效。我有关机关，今后仍应特予注意，并严密考察及管理。

（七）中共台湾省工作委员会之组织，为复式布置，如蔡孝乾等，系中共华东局所派遣；而另案之李法益等，系福建省中共组织所派遣，此外是否尚有其他省工委会之存在？殊堪注意。

从以上材料可以看出，当时中共台湾省工委在中共中央的领导下，在组织建设、发展党员、宣传动员、组织台湾人民进行反对国民党的斗争诸方面取得极大成绩，为配合人民解放军解放台湾做了大量工作。就在这种大好形势下，发生了突发事件，中共台湾省工委会领导成员先后被捕。我又查阅了有关资料，了解到国民党破获中共台湾省工委会的情况。事情发生在1949年10月11日，当时由中共台湾省工委会委员陈泽民领导，以台湾南部重要城市高雄为中心，由1947年6月从广东来台湾的共产党员刘特慎负责，组建了中共高雄工作委员会。该委员会在中共及台湾省工委的领导下，先后成立了高雄市工、农、文化教育等系统的党的16个支部组织，发展党员40多名。中共高雄工作委员会根据上级指示和革命形势的发展，在不同时期采取了不同工作方法，完成了不同时期的任务。根据计划，在这一年的4月以前，党组织主要从事各方面的准备工作；4月至6月，因在大陆内进行的解放战争发展迅速，中共高雄工作委员会主要从事组织扩建工作；6月到8月，工作重点是利用各方面力量，大造舆论，从事宣传工作，在各地散发共产党拟定的"七一"宣言等革命传单。

中华人民共和国成立以后，高雄党组织的工作重点转到配合解放军解放台湾上面。

然而，就在这一派大好形势下，在10月下旬的一天，高雄铝业公司职工李能贺，由于公开散发革命传单，被蒋介石特务分子发现。该地特务机构安排特务分子孙同仁打入该厂工人之中，经过调查，摸清情况，首先将李能贺逮捕。李能贺被捕后，经不住敌人的严刑拷打，向国民党高雄特务机构交代了组织及活动情况。最为严重的是，他特别向国民党特务交代了10月31日晚6时为中共高雄市委全体委员召开会议研究工作的时间。国民党特务机构立即做了抓捕全体委员的布置工作。就在这一天晚6时，大批国民党军警、特务出动，包围了中共高雄市委员会开会的地点，将出席会议的共产党员全部抓获。接着，又于同一时间，在高雄市三民区德北里十六号，将中共台湾省工作委员会委员陈泽民逮捕。陈泽民被捕后，经不住国民党特务分子的严刑拷打而叛变，成为可耻的叛徒。他向国民党特务分子交代了高雄及周边地区中共的组织情况，出卖了一批中共地下党员，致使重要的中共地下党员刘特慎等人被敌人抓获。在敌人的威逼利诱下，刘特慎等人始终保持着共产党员的崇高气节，誓死不降，最终被国民党反动派杀害，壮烈牺牲。

1949年年底，中共高雄地下组织被国民党特务彻底破坏，共有46人被捕，多人壮烈牺牲。中共高雄支部的被破坏，使中共在台湾的革命力量受到较大损失，它为中共台湾组织发出了一个信号：蒋介石、蒋经国死而不僵，国民党反动集团在台湾岛内再次向共产党挥起了屠刀。

与此时间相差无几，一件令人十分遗憾的意外之事又发生了。一天，在基隆中学的操场上，几个学生正在打篮球。忽然，篮球被人碰到场外，球顺势滚到篮球场下边的一间房屋下。这是一间日式建筑，在房屋地板下有一个夹层。一个人钻到夹层底下取球时，无意中发现了一些印刷品，其中有中共台湾省工委会机关报《光明报》及一些进步刊物，这一情况立刻被国民党特务分子发现。不久，特务分子又发现了一个叫王明德的该校职员，这名职员将一份《光明报》寄给他的女友。于是，国民党特务立刻将王明德逮捕，经过严刑拷打，王明德同样叛变投敌，将他的组织及同志们的情况和盘托出，致使台湾大学法学院等一系列教育口的党组织全被破获。

接着，国民党特务分子据此获得更多情报，继而将中共台湾省工委会的张志忠抓获。在敌人的威逼利诱下，张志忠誓死不肯暴露党的秘密，保持着一个共产党员的英雄本色。由于张志忠是中共台湾省工委会的重要领导成员，为了争取张志忠投降，从而给国民党反动派提供中共地下党的有价值的情况，蒋经国手下的打手们先是说服张志忠叛变投敌，遭到张志忠的坚决拒绝，接着，国民党特务分子改变手法，不断严刑拷打，但张志忠咬牙坚持，始终不肯投降。

在敌人威逼他交代中共台湾省工委会及其他共产党员的情况时，张志忠忍受着刑讯的极大痛苦始终不肯开口。不仅如此，他还鼓励难友们坚持斗争，永不叛党。针对国民党特务们的残暴行为，他对战友们说：早说早死，晚说晚死，不说不死。他被关押四年之后，被残酷地杀害。张志忠是中共台湾省工委会中一个没有叛变，而被国民党反动派杀死的高级领导人。

自 1950 年元旦开始，国民党特务先后在台湾岛内抓住了中共台湾省工委会的几个委员后，他们把下一个抓捕目标，锁定在了中共台湾省工委会书记蔡孝乾身上。通过侦察，国民党特务在得到蔡孝乾的一些蛛丝马迹后，便采取了多种方法，布下大量人马，准备抓捕蔡孝乾。为了调查到蔡孝乾的住处，国民党特务们在极其保密的状态下，对台北市居民户口做了一次全面深入的调查。然后，又根据蔡孝乾身边人提供的一些线索，在蔡孝乾可能居住的台北中山区、古亭区做了重点清查。又根据蔡孝乾的年龄、身材以及同他一起居住的小姨的已知特征，对他们进行了进一步深入调查。经过全方位的认真清查，国民党特务们终于发现，在台北市泉州街二十巷十六号，登记着两个居住人，其中之一是 40 多岁的男人，另外一人是十七八岁的女孩。登记的男人姓邓，名字叫邓昌华，女孩叫邓莉。其特点与特务们所掌握的蔡孝乾的特征相吻合。他们断定，此男人就是中共台湾省工委会负责人，当过红军，经过二万五千里长征的老资格中共地下党员蔡孝乾。摸清情况后，在一个漆黑夜晚，国民党特务前往该处准备逮捕这两个人。

但当国民党特务来到此处时，发现已经人去楼空了。从屋里情况看，二人是匆忙离开的。国民党特务们扑了个空，但是他们不甘心就此罢休，开始在这里留守。当他们等候到第十一天晚上的时候，忽然一个人影破门而入，特务们一拥而上，将来人抓住，经询问，被捕者称自己姓郑。原来，十几天前，蔡孝乾得到报警，敌人正在对他进行搜捕。他立即到达台南，打算从台南返回香港，但到了台南，一连待了十天左右，也没有找到机会，他只好于 1950 年 1 月 29 日返回台北住处。没想到在返回台北后，立即遭到逮捕。蔡孝乾被捕后，经过与国民党特务周旋，曾成功逃脱。埋伏的他在台湾农村躲避了两个月，一天，他忍不住嘴馋，穿了一件西服，准备到城里吃西餐。但不久又被国民党特务抓获。

蔡孝乾的再次被捕，给蒋介石、蒋经国带来极大的惊喜和鼓舞。他们一方面对彭孟缉、周至柔等办案人员封官嘉奖，另一方面命令国民党特务加紧审讯，以期扩大战果。此任务交给了"国防部"保密局头目谷正文、叶翔之亲自督办。第二天，保密局局长谷正文亲自出马，对蔡孝乾进行劝降。谷正文对蔡孝乾说道："蔡孝乾先生，你的身份及所作所为大家都很清楚，我们不必兜圈子。你我都是见过世面，闯过江湖的人，可能都有出生入死的经历。今天，你落到这个地步，不可能有人救你，更别想逃走。我也不想对你动什么大刑，一切都好自为之。今天，你应该知道怎么做，凭你的身份和罪行，不想死那怎么办？只能靠你的表现。另外，贵党在台湾的所有高级干部及全部党员及骨干，均已被我们逮捕和掌控，你们完了，不要指望什么解放台湾了。"

蔡孝乾听到后，不以为然地说："你们别太得意，如今抓到我们几个无关紧要。台湾现在到处是我们的人，解放大军马上就会渡海解放台湾。你们的日子没几天了，我劝你还是为自己的前途着想。"谷正文听后冷冷一笑说道："如今你落到这个地步，还说什么到处是你们的人。你们那些散兵游勇怎能斗得过我们的美式装备。如今台湾固若金汤，解放台湾，谈何容易？你们有大军舰吗？有飞机吗？渡海作战可比不了陆地上或过一两条河。不等你们的船走到一半，我们的飞机、军舰就会统统将你们的船击沉。另外，即使有少量船过来，不等上岸，也会被国军生俘或击毙。不生俘或击毙侥幸逃回算是万幸，最终结果十分难说，去年的金门之战就是例子。我劝蔡先生还是为你的前途好好想想吧！"蔡孝乾闻此话，心中不禁一震，但他马上镇静下来，反驳道："去年是去年，金门也不是台湾，现在我们的状况正在发生重大的变化，解放台湾是迟早的事！"

谷正文见蔡孝乾不肯就范，便说："今天就谈到这里，你好好思考一下，明天再谈。"最后甩下一句："蔡先生不要敬酒不吃吃罚酒。"接着，国民党军警将蔡孝乾押到了戒备森严的军法处关押所。蔡孝乾被关押后，国民党军警为他送上了晚饭。晚饭有青菜、肉、鱼及米饭。此时，他才感到饿了，拿起饭碗，夹了些菜吃了几口，却又没什么胃口。蔡孝乾被关在一间小房子里，突然感到自己失去自由的困境，身上和心里有些不适和不安。回想几十年的革命生涯，与国民党反动派、日本侵略者打过无数次仗、经历无数次危难、多次出生入死，甚至二万五千里长征都顺利过来了，但今天却落入了国民党特务手里。

蔡孝乾又想起被捕那天晚上，如果当时不返回家，或许不会被捕。如今已经被捕，今后怎么办？在此之前，他从来没有考虑到会被捕，凭他多年的斗争经验，怎么会发生这种事？事到如今，孤身一人，不觉从后背冒出一股凉气。看来只能走一步看一步了。不管怎样，饭还是要吃，觉还是要睡，他匆匆吃好了饭，倒头便躺下了。但这一夜他睡得很不踏实，翻来覆去，一直到天亮。第二天早晨起来，头有些昏沉沉的。毕竟是近 50 岁的人了，在这个年龄，本来应儿女满堂，享享清福了，但如今却身陷囹圄，他无可奈何地一个人坐在床上发愣。

正在这时，又有人送来早饭，他想洗洗手和脸，却没有这个条件。他大声叫："来人，我要出去解手。"两个看管人员走过来说："上边有交代，你不可以出这个门，屋子里有桶，可在那里解手。"他知道敌人对他采取了极为严密的监管，所以只好听天由命了。

上午，没有人来找蔡孝乾谈话，他估计敌人是在消磨他的体力和意志。蔡孝乾自己一会儿在室内活动，一会儿在床上养神。此时，他惦念起与他同住多年的小姨，也不知她现在情况如何。正在思念，突然有人大声叫他："蔡孝乾！"他没有回答。只听铁门猛地被打开，几个全副武装的国民党军警冲进来，三下五除二地给他带上刑具，并大声宣布："你已被'国防部'军法处正式立案。从今日起，随时听候命令，必须老老实实反省，向'政府'交代罪行！"接着又高声叫道："蔡孝乾，再听到你的名字时，必须立刻回答'到'，老老实实服从管理。"宣布完，一行人气势汹汹地离去。蔡孝乾明白，敌人开始来硬的了。

一直到晚上，一个看似小头目的看管人员，才给他送来一碗粗米饭，一小碗清水熬青菜。临走说："叶长官说，让你受委屈了，但日子还长，何去何从，你自己看着办。"接着，是连续四五天的冷漠对待，终日带着刑具，吃、睡、大小便都在一个密不透风的囚室里，使得蔡孝乾过着食不果腹、生不如死的生活，另外还有没完没了的训斥。蔡孝乾在开始几天还能咬牙坚持，但如今，他再也坚持不下去了，他随即丧失了立场叛变投敌，答应与国民党反动集团合作。

蔡孝乾的被捕与叛变，致使朱枫的重要联系人计梅真与钱静之两位女共产党员被捕。她们于1947年9月自上海被派往台湾，在三年多的时间里，为党做了大量工作。她们在中共台湾省工委会领导下，在国民党台湾邮政系统内建立了共产党组织，发展了多名共产党员，她们工作积极，机智勇敢，一直没有暴露，但却被叛徒蔡孝乾出卖，最终被敌人抓获并壮烈牺牲。

蔡孝乾的叛变，使中共在台湾的党组织基本上被国民党摧毁，绝大多数共产党员和进步人士被抓、杀、关、管。更为严重的是，解放台湾这一关乎祖国统一的大事因此而受到极大影响。蔡孝乾用革命事业和千万名革命烈士的生命换得了他自己的苟活。蒋介石集团为此给了蔡孝乾暂时的荣华富贵，但他永远被钉在历史的耻辱柱上。由于措施得当，他没有给其他系统造成严重损失。

从分析、研究以上情况可以看出，蒋介石集团在台湾花费了巨大力量，用以消灭在台湾的中共组织和人员。但父亲到哪里去了？为了进一步搞清事实，我再次反复阅读、研究组织上为父亲出具的政治结论，我头脑中再次闪现出早已产生的三个疑惑。那就是在结论中，第一个问题是，为什么父亲的名字用的是刘鸿梁？

据我所知，刘鸿梁是父亲出生后，我的爷爷奶奶给他起的名字。我仔细观察研究过我们保存的父亲的照片，从照片上的只言片语及父亲的签名可知，他起码在1939年就使用"刘光典"这个名字了，这有照片上父亲用钢笔写的亲笔签名为证，"刘光典"三个字非常漂亮。而且在《安全局机密文件——历年办理匪案汇编》上，我们的父亲使用的名字也是刘光典。以后，在办理革命烈士证明书时，用的也是刘光典。还有，无论是父亲这边的亲属，还是母亲那边的亲属，对父亲的称呼都是光典或刘光典，从没听过称之为鸿梁或刘鸿梁的。为什么众多材料上父亲的名字用的是刘光典，但组织出具的政治结论却用"刘鸿梁"这个名字？这绝不是一时的疏忽，也不是根据有关资料记载而确定。作为一个重要的主管机构，作风从来是严谨和慎重的，这里面显然存在着深层次的原因，有着一时还没有解决的问题和矛盾。

再有一个问题没有搞清，那就是有关父亲的组织关系的更详细和更具体、更确切的情况。比如他属于哪个部门，受谁的领导，在组织中、在要完成的战斗中、在工作任务中处于什么位置。

第三，当我花费了相当大的时间和精力，阅读、分析并研究《安全局机密文件——历年办理匪案汇编》之后，我头脑中不断出现问题，并逐步找到答案。但在解决了老疑问后，又有新问题出现，逐渐堆积起来的没有解决的问题仍然困扰着我，使我不得不向新的探索领域迈进。这是在父亲被追认为烈士后，我不断产生的谜团，难道这里面还深藏着不可公开的秘密？还有着没有搞清的隐情？情况表明这仍需要我去解开其中奥秘。

带着一定要彻底搞清父亲的真相，解决这三个疑问的决心，我又开始了新的摸索与探寻。在认真读过该书以后，我比较全面地了解到了从 1949 年到 1959 年十年中，国民党反动集团在台湾疯狂残杀、镇压中共地下工作者及情报人员的总的状况。同时确定《安全局机密文件——历年办理匪案汇编》是一部较为真实系统且鲜为人知的史实性资料。通过研读，我掌握了相当多的知识，同时也发现一些尚未搞清的问题。

但是，经过一段时间，除了从《安全局机密文件——历年办理匪案汇编》中找到的有关父亲的情况外，再也找不到其他线索。我对《安全局机密文件——历年办理匪案汇编》中的父亲的案件以及与父亲有关的所有案件都已了如指掌，书的封皮都被我翻掉了，个别书页也几乎被我翻烂，但是，我再也找不到新的内容。看来，要想再进一步了解父亲的有关情况，必须另辟蹊径。

6. 英烈后人叙征程

至此，有关父亲刘光典的新情况却再以难以找到，想要进一步了解父亲刘光典的情况真的是不容易，事情的发展令人失望。一晃儿时间过去了近十年，寻找事情毫无进展。然而，在这十年中，我还是与当初被派往台湾工作的一些同志的亲人取得了联系，也得到了一些领导的关心与帮助。其中最有参考价值的是原邮电部副部长、中华全国集邮联合会会长成安玉，他于1996年年底送给我一本小册子《枫叶飘落在台湾——朱枫烈士传略》。

这是一本由朱枫烈士的亲属——丈夫朱晓光，子女朱明、朱玫编写的约2.5万字的图文并茂的小册子。小册子包括两大部分，一部分是相关领导、同志的题词，有张爱萍、杨成武、罗青长、胡绳、韩光、聂力、武衡、陈沂等等。另一部分是朱枫烈士家人撰写的回忆文章。

我得到后，立即认真阅读了一遍。关于朱枫烈士的事迹，我曾在《安全局机密文件——历年办理匪案汇编》中看过，读后心中充满了对这位从事中共地下工作的女中豪杰的敬仰，朱枫真的是不可多得的德才兼备的中国共产党的精英。但在《安全局机密文件——历年办理匪案汇编》一书里，朱枫烈士的情况介绍得不够细致，阅读过成安玉送给我的小册子后，我更加详细地了解到了朱枫这位女英雄的一生经历，她的忠心、她的才华、她的胆略、她的感情；了解了朱枫烈士成长的历史、朱枫烈士的功绩。因而我进一步深刻感受到像朱枫及父亲那一代中共隐蔽战线的战士们，对党的事业的忠诚、对革命信念的坚贞、对革命事业的负责、对个人利益的牺牲。他们为了党的事业、人民的利益可以舍弃个人的一切，被敌人抓获后，他们已经变得一无所有，最终用仅剩的忠诚、生命、鲜血与敌人做最后的斗争，用仅剩的那一介忠魂、一口傲气，为家人换取荣誉与好评，也使得他们自己的英名流芳千古，不像叛徒那样留下万年的骂名！

读过成安玉送我的小册子，我深受教育与感动，但其中关于吴石、朱枫等烈士牺牲的时间有不同记载。根据《安全局机密文件——历年办理匪案汇编》中的记载，我了解到如下情况：一、吴石、朱谌之、陈宝仓、聂曦等四犯奉"国防部"1950年8月12日劲审字一三六六号代电判处死刑并呈奉总统睿高字三九〇〇八四号已佳代电核准执行。二、王正均、林志森二犯奉"国防部"1950年7月25日劲功字五五号复判各处死刑并呈奉总统三九一八五号未庚代电核准执行。三、方克华等四犯奉"国防部"1950年7月25日劲功字五五号复判各处有期徒刑。

另在死刑执行日期栏注有：1950年8月19日。

但我看到的朱枫子女撰写的文章却有如下叙述：1950年6月10日下午4时30分，一阵枪声划破了台北上空。以共产党员朱枫、国民党将领吴石为代表的"台湾大间谍案"的四名主角，倒在血泊中。

此处明确无误地指明朱枫、吴石等人牺牲于1950年6月10日下午。但《安全局机密文件——历年办理匪案汇编》中记载吴石等烈士死刑执行日为 1950 年 8 月 19 日。这两个日期究竟哪一个准确呢？从朱明、朱玫文章后面，我看到他们有这样一段表述：

> 新华社"内参"6 月 12 日刊发消息：据台湾电台 11 日广播，台北讯："'国防部'前参谋次长吴石、前第四兵站总监陈宝仓、前陆军上校聂曦，及匪政工部女匪干朱谌之等四犯，已触犯《惩治叛变条例》，经高等法会审讯终结，依法判处死刑。并经最高当局核准，已于 10 日下午四时，将四犯提询宣判，随即绑赴刑坊，执行枪决。"

从以上两处文字看，朱枫等烈士的牺牲日期存在两个月的误差。那么，究竟哪个日期准确呢？经我分析与核实，1950 年 6 月 10 日是准确的。那么怎么解释《安全局机密文件——历年办理匪案汇编》中所记载的日期及实际执行日期呢？那只有如下解释，那就是朱枫等烈士，在 6 月就被蒋介石等人命令杀害。理由在于，朱枫等人对蒋介石集团的威胁太严重，蒋介石反动集团对其恨之入骨，迫不及待地将他们杀害，而《安全局机密文件——历年办理匪案汇编》上所载判决日期只不过是过后做做样子而已。可以说，朱枫等烈士是在台湾较早牺牲的，同时又是最重要的中共地下工作者。他们的被捕牺牲，是中国共产党隐蔽战线的重大损失。

不久，我来到位于北京市东城区工人体育馆东路的中国图书进出口公司宿舍，看望了朱枫烈士的爱人朱晓光。我来到他家，首先看到的是端端正正摆放在北面桌子上的朱枫烈士的照片。朱晓光同志也是抗日战争时期参加革命的一位老同志，此时已年过八旬，当我做了自我介绍后，他紧紧握着我的手对我说："我们都是烈士的家属，我们要永远记住这些烈士，不要忘记他们是为了台湾的解放、祖国的统一而献出了宝贵生命。我们一定要继承烈士们的遗志，努力完成他们没有完成的任务。"我对朱晓光同志说："我会记住的，您一定要保重身体，安度晚年。"

几年以后，我又得到洪国式夫人的电话号码。在打电话前，有关人员告诉我，洪国式的夫人也是抗战前参加革命工作的老同志。记得在2004年的某一天，我拨通了远在东北吉林市洪国式家中的电话。只听电话中一个中年女性问道："您好？您找谁？"

我心中略有些激动，回答："我叫刘玉平，我的父亲叫刘光典，曾是洪国式的战友。我找洪国式的夫人。"对方听到后，迟疑了一下说："你等一下，让我母亲与你讲。"

不一会儿，电话那边传来一个老年女士的声音："你好，你找我有什么事吗？"我马上回答："伯母，您好啊！我是刘光典的小儿子，大名叫刘玉平，小名叫小平。我还有一个姐姐、一个哥哥。洪国式是我父亲的上级和战友。我父亲1949年年底去台湾执行特殊任务，据我所知，洪国式也去了台湾，我父亲后来在台湾被国民党杀害，1992年被追认为烈士。但有关父亲的事情我不太了解，所以给您打电话，第一是我们姐弟三个向您问好，第二是希望您能提供些我父亲的情况。"

　　洪国式夫人听完后对我说："刘光典这个名字曾听洪国式提过，因为这个名字比较好记，但我从来没见过你父亲。不用说你父亲，就是洪国式我也见得不多，他一年到头在家待不了几天，那时他们做什么事也不和我讲，因此真的不了解情况。你父亲为革命牺牲了，那你母亲还好吧？"

　　听伯母问的话，看来她真的不了解我家的情况，我便说："父亲走后，家里没有大人照顾，母亲有心脏病，于1955年32岁时病故了。"我听到电话里"唉"的一声长长的叹息声，接着听伯母说："那你们也真不容易。"我接着问："伯母，那洪国式后来有什么消息吗？"电话中又是一声叹息："他没有像你爸爸那样被追认为一名革命烈士，但他的事也在继续核实之中。"

　　听到这里，我觉得不好再说什么了，但我也如同堕入云雾之中，不知洪国式后来究竟怎样。的确，《安全局机密文件——历年办理匪案汇编》对洪国式的最后结果也没有明确交代。我于是在电话中说："伯母，今天就说到这里吧，您要多保重，我有机会去东北看您，如果您有机会来北京，千万告诉我，我去接您。"

　　伯母那边说："好吧，孩子，今天就说到这里，你们要向你爸爸学，努力为党和国家多做贡献，也祝你们生活幸福，身体健康！"我听得出来，这是一个前辈，也是一个较早参加革命工作的老人家的期待，她此时说话有些激动。我立刻回答："谢谢您的鼓励和祝福，有什么好消息，我会随时通知您。"就这样，我与洪国式夫人的通话结束了。

　　在与洪国式夫人通话时，我还不太清楚洪国式被捕后的情况。过了一段时间，我了解到洪国式被捕后的部分情况。有关人员对我说，洪国式被捕后事情十分复杂，他基本上投降了敌人。后来，国民党把他安排到火烧岛，安排他做教官，劝说被关押在岛上的被捕的中共地下党及被俘的志愿军悔过自新，因而组织上给他定为叛徒。后来，又要求他在东北的夫人与其离婚另嫁。所以，我在与洪国式夫人通电话时，伯母在电话中总是唉声叹气的，因为当时我并不了解这些情况，如果了解这些，我就不会去触动伯母的伤心事了。

在这一年的年底，我又与在台湾牺牲的汪声和的弟弟汪声光取得了联系。在《安全局机密文件——历年办理匪案汇编》中，此案被称为"苏联国家政治保安部潜台间谍汪声和李朋等外患叛乱案"。在案文中，我浏览到了一段记载比较详细的文字：汪声和原籍河北，抗战期间，高中毕业后，离家出走昆明，因平日喜研究无线电，经友人介绍入昆明欧亚航空公司无线电工厂任机务员。复因不满现实，常研读共产主义书籍，思想"左"倾。1939 年调兰州，担任西北导航工作，更接近革命宣传，深受影响。1942 年调成都，与报务员陈甫子意气相投。

陈甫子为俄方所派人员，某日因电台机件损坏托其代为修理，乃自称为苏俄国家政治保安部——GPU 人员，动员其参加工作。1942 年 9 月间，汪即填具志愿书及自传等正式加入组织，负责修复潜伏电台机件，并练习报务。不久便接受陈甫子资助，兼读于齐鲁大学文学院。1945 年辞去航空公司职务，专心求学并为俄方工作。1947 年 6 月毕业，在重庆与裴俊结婚。时陈甫子已另在汉口建立电台，因技术上的关系，无法与俄方通报，令汪前往改装。同年9月，陈复命其赴上海晤苏俄武官顾伦近。汪依约得晤该人后，即洽妥时地经常联络，并接受其指示，觅得中央航空公司职务作为职务掩护，准备购屋建立电台。1949年1月，顾命汪假民航局疏散电台之际，于次月携眷来台。

接着，我还阅览到：裴俊于1947年与汪声和结婚后，亦参与汪工作。常协助翻译电码，电台通报时，则担任把风。案发之日，夫妻二人在蒋方特务搜查其住宅时，妻子示意预藏之毒药硝酸银一包，暗示丈夫共服。但被特务发觉，自杀未果。

在记述此案侦破经过的文字中，有这样一段描述进入我的眼帘，大致内容表述为：

一、汪某所建电台，于1949年5月与俄方通报成功时，即被前台湾省保安司令部电信监察所侦测发现，后因通报时断，且一度迁址，致未能正常控制。1950年2月14日至27日止，该台复先后工作四次，均被特务发现并经迅速测定其台址准确方位（台北市厦门路街一一三巷九号）。原可继续深入侦察。但该部适于同月28日计划侦破中共中央社会部潜台领导人洪国式在台活动之巨案，深恐此一潜谍电台与洪系同一案件，或系不相关联之另一案件使其提高警觉，对本案之侦察将受影响。经该部参谋长李立柏将军批准，于当日深夜，召集电监所刘所长暨有关电信技术及行动人员，作缜密之研商后，决定于当夜立即采取行动。3月1日凌晨1时，由李、刘亲率干员，按址前往搜捕。二、本案因在侦测调查方面所得之成果，已有充分把握。故依照当时商定之行动计划，必须达成两项主要任务。其一为人机俱获，所有文件证物亦应彻底搜索力求完整。其二为利用电台继续与对方通报，以达欺骗目的。在行动开始时，复因一切部署均按照计划配合实施，乃能圆满达成任务。三、汪某所用之收发报机，系密藏于小圆桌之腹部。腹部为中空之木质方柱，上为圆形桌面，下接四根弧形短木脚。此种小圆桌，通常为布置客厅作茶几之用，其造型亦为台湾所习见，掩护至为良好。经精细搜检始予发现。

　　此案被破获后，国民党特务分子耍尽花招，仍利用此部电台向俄方发假报，并于半年后残酷地将汪声和与裴俊夫妇杀害。他们牺牲后，于2000年前后被追认为革命烈士。他们的三个子女当初没有随父母去台湾，而是由汪声和的弟弟汪声光抚养长大。我于2004年见到汪声光时，他对于哥哥的情况还没有彻底查清，特别是还没有找到哥、嫂的遗体，直到2006年，才得到两位烈士被埋在六张犁墓地的确切消息。2010年，汪声和的弟弟汪声光才得以赴台湾为兄嫂两人扫墓。

　　2012年4月10日，他们再次来到台北六张犁墓地，将哥嫂的遗骨接回北京。

三、漫漫声讨维权路

1. 台湾朋友倾力助

　　1992 年 7 月 31 日，台湾公布了对两岸都有着重要意义的《台湾地区与大陆地区人民关系条例》（简称《两岸人民关系条例》，以下简称《条例》）。《条例》消除了自 1949 年开始的造成大陆与台湾交流往来的障碍。从此，来大陆探亲访友、投资办厂的台湾同胞日益增多，这为寻找父亲刘光典带来了新的便利条件。不久，我从台湾藉共产党员陈炳基那里获悉，在台湾有两个与当时的所谓"中共匪谍案"有着极密切关系的社团组织。这两个组织就是"财团法人戒严时期不当叛乱暨匪谍审判案件补偿基金会"（以下简称"补偿基金会"）、"台湾地区政治受难人互助会"（以下简称"受难人互助会"），我很快便与受难人互助会取得了联系。在往来通信中，对方的工作人员非常热情地询问我有什么事需要帮助，我向受难人互助会提出了两项希望：第一是请他们进一步提供父亲刘光典在台湾的所有相关资料；第二是请他们帮助我们寻找父亲刘光典的遗体。该组织负责人陈明忠热情而认真、负责的回函，表示乐于帮助并且开始了寻找工作。

时间很快到了 1993 年，在这一年里，我有机会认识了多位台湾朋友林丽锋、王锦松、李坤龙及曾经与父亲在台湾并肩战斗的王耀东的外甥林先生。在我们第一次见面时，他对我说，他于 1950 年年初在他舅舅王耀东家，曾经见过我的父亲刘光典。由于他当时年龄尚小，因而对父亲的样子记得不十分清楚。他对我讲："玉平先生，我们的前辈曾是在台湾并肩战斗的战友，他们一同在深山躲避国民党特务人员的追捕，后来遭到叛徒出卖，被国民党特务抓获，被捕后坚贞不屈，又共同为台湾的解放献出了生命。我有一件事请你帮忙，据我所知，舅舅王耀东于 1949 年春离开东北赴台湾执行特殊任务时，曾将舅妈和他们的一个男孩留在了东北地区。由于几十年两岸隔绝，一直没有他们的音信。自从开放两岸探亲以后，我多次来大陆，通过公安、统战部门寻找舅妈和表弟，但一直没有找到任何线索。我现在常住台湾和香港，来大陆的时间有限。考虑到令尊与我舅舅的生死之交以及你的工作条件，想请你在大陆帮助寻找我的舅妈和表弟。"我听了他的要求后，表示一定设法帮助寻找他的舅妈和表弟。

见面之后，我立刻找到统战部门及民主党派的一些朋友，把林先生对我讲的情况向他们说明，并向有关部门作了汇报。对于王耀东同志，我是十分敬仰和尊重的，并对他怀有深深的谢意。他是一位老资格的中共地下工作者，出生在台湾，对台湾的情况十分熟悉。不仅如此，由于他在大陆参加革命多年，对中国革命的特点和任务理解深刻，受到党组织的信任与重视，因而能在 1949 年被派到台湾执行重要任务。后来，在最艰难的时刻，他陪着父亲在台湾山中藏匿四年。如果没有他的陪伴与保护，父亲会遇到更加难以克服的困难和艰辛，甚至很可能在 1950 年就被捕了。特别是在王耀东已得到中央要他返回大陆的通知后，为了掩护父亲，他没有独自撤出台湾，放弃了自己脱险的机会。后来，在已经无法撤出台湾的情况下，他选择躲进深山继续与国民党反动派作斗争，最后与父亲一起被抓获并牺牲。

经过与林先生交谈，我才知道王耀东在离开东北转进台湾时，将妻子和一个儿子留在了大陆。但由于地下工作的要求与特点，他的妻子和孩子与组织失去了联系。几十年来，由于两岸隔绝，他的家人如今音信全无。大陆统战部门的工作人员及朋友了解此情况后表示愿意帮助寻找王耀东的家属，但由于历史久远，经过一段时间的努力，却始终没能找到王耀东的妻子与儿子。相比之下，我们的情况还算幸运，虽然儿时受过不少苦，但毕竟组织上还与我们保持着联系，没有失散。而王耀东妻儿的情况就很难讲了，这些年，他们孤儿寡母是如何渡过的？一想到这里，同情、伤感与无奈就涌上心头。与此同时，还有多少像父亲这样的中共隐蔽战线战士的家属与后代，为了台湾的解放、祖国的统一，面对妻离子散、家破人亡的困境？今天，在我们伟大祖国欣欣向荣、广大人民群众安居乐业之时，我们怎能忘记为台湾解放、祖国统一而牺牲的烈士及他们的亲人？

我将没能找到王耀东妻儿的情况告知了林先生，我表示十分抱歉。此时，我们只能彼此互相安慰，并盼望将来能够发生奇迹，可以找到父亲更为详尽的材料，可以找到王耀东烈士失散的亲人，但实际情况是，当时得到任何新的收获都属不易。

后来，我与受难人互助会的几位工作人员取得了进一步的联系，并通过他们认识了更多与台湾20世纪50年代白色恐怖相关的人员，其中甚至有曾在台湾工作，后到美国中央情报局任职现已退休的台湾籍人士。在我与他们通信询问父亲的情况时，少数人讲只听说过名字，详情并不清楚，而大多数人则回答根本不知道父亲其人其事。要想再进一步了解父亲的情况，更是难上加难。后来，随着海峡两岸人员来往交流的增加，我又认识了一些台湾朋友，其中也有一些集邮界的人士。每次遇到来自台湾的朋友，心中总想托他们了解一些父亲的情况，但一想到此事的敏感性及重要性，担心可能会产生的误会和麻烦，我只好欲言又止。

1993年春节时，我收到来自受难人互助会负责人陈明忠先生寄自海峡对岸的贺年片，我也回寄了祝福新春的贺信。不久，我再次致函受难人互助会，请他们帮助进一步了解有关父亲的更加详尽的材料。1993年10月18日，我收到回函。函中写道：

玉平先生：

您好！

您寄给陈明忠先生的信件已收悉，关于来信中所提及令尊刘光典先生遇难案件，经查阅《安全局机密文件——历年办理匪案汇编》，刘光典是因"匪东北局社会部潜台匪干王耀东等叛乱案"而判死刑，兹附上该案影印文件供您参考，另外，六张犁墓地迄今未发现令尊墓碑、尸骨踪迹，本会将会关切注意此事。如您有任何要求或不解之处，请来信告知。祝好！

政治受难人互助会

1993. 10. 8

来函信封使用标准国际航空信封，贴有新台币9元面值女娲抟土做人邮票一枚。其上盖销邮戳不清，但隐约可见"10.8"字样。封后盖有十分清晰的"北京6支"邮戳，上面的日期是"1993.10.18"，可见此信从台湾投寄到北京用时10天整，这在之前几年是不可想象的事情。这是我与受难人互助会的较早联络情况。以后，每到中华民族传统的新春佳节，我们都要互寄贺年信函。但是，有关父亲刘光典的新情况却一无所获。

时间过得飞快，转眼到了1997年，我得到一个确切的消息，为了消除1947年"二二八"事件及20世纪50年代国民党因实行白色恐怖残酷镇压而对台湾人民和社会造成的伤害，台湾已经决定成立专门机构，制定条例，拨出专款，对自1947年以来受到伤害的人员进行补偿。我们得到这一消息后，也准备向台湾相关部门提出赔偿要求。我于1998年正好要到香港参加一项香港回归一周年的纪念活动。于是临行前我与王耀东的外甥林先生取得联系，准备在香港与他

会面，商议如何办理要求赔偿之事。1998 年 6 月 27 日至 30
日，我与中国国际科学与和平周组委会秘书长陈一雄到香
港，但林先生因故没能从台湾赶来香港与我会面。回到大陆
后，由于不熟悉如何向台湾提出索赔要求，此事被搁置
下来。

1999 年是父亲赴台湾执行任务 50 周年，同时又是他为
解放台湾、统一祖国而献身 40 周年，按说应该举办追思活
动。但由于种种原因，这一年在默默无声中度过，进一步寻
找父亲的工作毫无进展。1999 年过去了，一个新的世纪即
将到来。

回想 1992 年，组织上初步认定了父亲的革命烈士身份，
这对于我们家庭来说是最大的收获。在调查父亲的身份以及
他的经历的过程中，我认识了众多朋友，接触了相关部门的
同志，这些为我们进一步核实清楚父亲各方面的真实情况打
下了良好基础。与此同时，通过与台湾朋友近十年的交往，
我感到两岸人员交往及感情沟通的环境越来越好，这开辟了
新的了解父亲情况的途径和渠道，为将来的工作创造了良好
的条件。

随着新世纪的阳光洒满台海两岸广袤的大地，一场旷日
持久的维权索赔工作开始了。2001 年下半年，我们开始向
台湾有关部门进行索赔。索赔的目的之一是让杀害父亲的蒋
家王朝付出代价，承认其杀人的罪行并表示忏悔；其二是通
过索赔来了解父亲的真实情况。帮助我们进行索赔工作的人
员之一，是 1947 年在中共台湾省工作委员会任委员及新民
主同志会领导成员，也是与李登辉有着较密切关系的台湾老

共产党员、坚强的革命战士陈炳基。

当然，关于索赔的情况我也随时向有关部门进行汇报，他们不时提醒我要提高警惕不要上当，当时我虽然对此提醒十分重视，但却无法明白其中更深层次的含义。

2. 赔偿基金会简况

从 20 世纪 70 年代开始，台湾岛岛内人民群众针对国民党在台湾的一系列镇压人民的行为，发起了清算国民党罪行的运动。实际上，国民党从抗日战争胜利后开始统治台湾岛，特别是自蒋介石集团退守台湾后，台湾岛岛内从来没有平静过。但自 20 世纪 50 年代后，经过残酷镇压，岛内中国共产党及进步组织基本上被破坏，解放台湾的可能暂时不复存在。蒋介石集团把眼光放在了加强台湾建设，巩固台湾军事力量，妄图有朝一日反攻大陆上面。由于接受了统治大陆时的失败教训，蒋介石集团在台湾进行了大规模的经济改革。这种经济改革并没有触及蒋家王朝的利益，因而进展得比较顺利。加上蒋介石集团从大陆带走的大量财富及抗美援朝战争后美国的各方面支持，经过约 40 年的进程，台湾的经济得到快速发展，成为"亚洲四小龙"之一。

自进入台湾之时起，由于在台执行了残酷统治，引起台湾人民的奋力反抗，蒋介石集团对此采取惨无人道的镇压，因此产生了"二二八"事件及 20 世纪 50 年代白色恐怖时期成千上万的冤假错案。在此期间，大量台湾各界各行业人员被蒋介石集团抓捕、杀害、关押、管教，据权威部门不完全统计，涉案人员多达 20 万人。这些人的政治主张、身份、立场不尽相同，其中有中国共产党党员，也有台湾籍进步人士，还有在国民党政军内持不同主张的人员，甚至还有从事"台湾独立运动"的人员。到了 20 世纪 70 年代，随着世界潮流和岛内民主运动兴起，台湾岛岛内各界人士，发起清算国民党执行白色恐怖罪行的运动，要求国民党承认所犯罪行，对多年以来受到白色恐怖牵连的人员给予平反与赔偿。

1987 年，台湾解除了长达 38 年的戒严，台湾当局联系岛内具体情况，参考国外实例，研究制定应对措施。但是，此事一直拖到 1998 年 5 月 28 日，台湾当局才制定了《戒严时期不当叛乱匪谍审判案件补偿条例》（以下简称《补偿条例》）。该条例于同年 6 月 17 日经台湾"立法院"三审通过，于 1998 年 12 月 17 日正式实施。

1998 年 9 月 5 日，台湾"行政院"核定《戒严时期不当叛乱匪谍审判案件补偿基金捐助暨组织章程》全文共 18 条，作为会务运作法源。

1998 年 12 月 16 日，补偿基金会第一届董监事会召开，选举陈健民为第一届董事长。

1999 年 3 月 9 日，补偿基金会成立并完成财团法人登记。同年 4 月 1 日开始正式运作，受理案件申请。一年之内，要求补偿的申请高达 5000 件。同年 3 月 26 日，"国防部"核准《补偿金核发标准》，该标准初期共 9 条，至 2001 年修正公布为 13 条。补偿基金会的宗旨是积极化解仇恨，抚平历史伤痛，促进族群融合。

补偿基金会一成立，即具有浓厚的"政府"以及反共色彩，仅从其名称看，就明显与"反共党匪谍"有关，在经"行政院"批准的赔偿条例中，非常明确地规定具有切实证据的"匪谍"不予赔偿这一条款，表现出鲜明的反共立场。我们在后来的索赔过程中，深深地感受到了这一点。从此点出发，台湾当局从法律上定位了蒋介石集团屠杀共产党人的合法性。

补偿基金会的组织概况如下：补偿基金会由董事会和监事会组成，董事会下设董事长，并设审查小组。同时设立执行长，执行长下设会计室、行政处、企划处、法律处。补偿基金会内还设有监事会，监督会内各方面情况。为了落实各项工作，各个要求补偿的案件都要经过审查小组初审，然后由小组提出具体意见。审查小组由台湾岛内的学者、专家、社会公正人士、法官、"政府"代表共同组成。小组成员每任任期两年，成员大多数现任或曾任法官。在这些法官之中，有的曾经参与过审判、屠杀共产党人，因此这些人必然会站在反共的立场上行事。各个要求补偿的案件提出后，先由审查小组逐一审定，提出初步意见，然后提报董事会，再由董事会做最后的审查及决定。

按补偿基金会条文规定，补偿基金会的职权功能是：（1）给付补偿金；（2）提供编写戒严时期不当叛乱匪谍审判案件之教材或著作之辅助；（3）提供戒严时期不当叛乱匪谍审判案件有关调查、考证活动之辅助；（4）举办戒严时期不当叛乱匪谍审判案件之纪念及学术等活动；（5）其他有助于平反戒严时期不当叛乱匪谍审判案件之受裁判者名誉之活动，促进台湾民主发展之用途。

实施补偿有着严格的手续和复杂的过程，具体实施过程共分三个阶段，即调查阶段、审议阶段、施行阶段。其中调查阶段需要调查提请补偿人的身份资格与案件情形。受理案件后，各承办人员依申请人检附的资料，审查申请人是否为条例所规定的申请权利人及调查有关其他相关权利人。另以申请人提供的材料，以及行文"政府"机关相关档案，调查受裁判及执行情形后，再汇整资料送请审查小组初审。

接着，审议阶段由审查小组依据《补偿条例》规定，就各案事实逐一审认，以避免发生重复补偿或不符规定的情形。审查小组就各案事实加以审认后，再提报董事会审核，并作出最终决议。

实施补偿的最后阶段为执行阶段，那就是为申请者发补偿金或告知救济程序。经董事会决议通过后的案件，即依申请人填写的联络地址寄发决定书；符合补偿条件者，一并寄发领款通知并于审定核发之日起两个月内一次性发给补偿金。为保证领款人权益，补偿基金会发出的支票，采取指名、划线及禁止背书转让的方式，保证领款人能确实领到补偿金。不符合补偿条件者，除书面通知申请人外，同时告知法律救济程序。

补偿基金会于1999年通过第一件申请补偿案。到了2000年，补偿基金会开始了全面工作，包括组织、宣传、受理、审理、落实实施等方面的大量工作。

另外，申请人如认为补偿基金会的决定不当，可以向台湾"行政法院"提出行政诉讼。

3. 不出所料的结果

2002 年年中，在台湾朋友的帮助下，我们启动了向台湾方面要求赔偿的行动。在此之前，我们向有关方面作了汇报，相关人员表示，不反对我们向台湾要求补偿，但是，要有足够的警惕，不要上当受骗。根据台湾方面的有关规定，要求补偿实施作业流程，首先要求申请人办理亲属关系公证。根据台湾补偿基金会的规定，受害人的父母、配偶、子女均具备要求补偿资格。

当时，台湾方面已经承认了大陆公证部门出具的公证文书有效，为了办理公证手续，需要多方面的证明材料。于是，我们到父亲刘光典的出生地辽宁省旅顺市韭菜房所在派出所，开具了我们的爷爷和奶奶已经去世的证明；我们的原居住地北京市东城区北新桥派出所，开具了我们的母亲王素莲已经去世的证明；与此同时，我们姐弟三人的所在单位也为我们开具了办理公证所需的所有材料。待办理公证的所有材料都准备完备后，我们姐弟三人来到北京市公证处，办理了我们与父亲刘光典的父女、父子直系亲属关系的公证材料。

接着，我们于 2002 年 7 月开始填写台湾朋友提供的申请表格。这份表格十分详尽，不但要求填写申请人的姓名、出生年月、籍贯、现住址，还要求申请人填写如下内容：

（1）受裁判事实陈述书一份（书写内容包括受裁判时间、地点、事实、原因及其他可资认定受裁判程度之事项，并由陈述人签名盖章）；

（2）受裁判者及申请人之户籍资料一份；

（3）裁判书、受判决之证明文件或相关文件（如无证明文件，将转请有关机关查证）；

（4）无效申请人顺位者之证明一份（申请人为本人时免附）；

（5）配偶单独申请而无顺位继承人时，应提出无顺位继承人之证明一份；

（6）同一顺位家属有数人时，另附委由申请人申请之同意书及各该家属户籍资料各一份，数人之中的一人代表数人出面办理各项手续。

为此，我们一致同意姐姐刘玉芳为代表。另外，申请表格的备注栏有如下说明：

（1）依《戒严时期不当叛乱匪谍审判案件补偿条例》第七条至第十条规定申请补偿案件，须先经调查认定为受裁判者，再依受裁判者之裁判程度核定补偿金。

（2）申办戒严时期不当叛乱匪谍审判案件之补偿，应由受裁判者或其家属亲自前来本基金会办理。

（3）申请书表及应检附证明文件不齐全经通知补正者，应于补正后始予受理。

（4）申请人如为数人时，应在申请书上亲自签名、盖章。如有伪造、变造或假冒情事者，除所发补偿金额应全数追回外，并依法负刑事及民事责任。以上所有注明条文，目的是避免在申请补偿中，申请人之间发生纠纷或分配不均现象。因而还要求每一个人办理一个独立银行账号，以便下发补偿金时使每一个要求补偿的人，都能获得应得的一份补偿金。

由于与台湾联络不便，根据要求，我们必须委托一个生活在台湾的人作为代理人，在需要的时候，由他在台湾代理完成一些事务。经陈炳基同志介绍，当时任台湾 20 世纪 50 年代"受难人互助会"秘书长的林丽锋成为我们的代理人。为此，我们在公证处办理了委托林丽锋为我们在台湾的代理人所需的手续。在委托书上书写有：委托人刘玉芳，身份证号、出生日期、居住地址。并出具了"兹委托林丽锋先生代理本人处理受裁判者刘光典在台补偿金申请事宜"的公证文件。办理完委托手续后，授权开始生效。

下一步是填写有关表格。表格上有一要求注明我们的父亲刘光典情况的陈述栏，在此项中，我们填写了如下文字：

> 我们的父亲刘光典为谋生与友外出经商，先后去东北、北京、上海，后经香港转到台湾，从此杳无音信。母亲带领三个子女艰难度日，终于积劳成疾于 1955 年去世。我们子女三人在十分艰难的状况下长大成人。80 年代以来，海峡两岸交往日益活跃，我们日夜盼望父亲能够回来相聚。但在 1990 年我们十分震惊地听说他已在台湾被莫须有的原因杀害，并在有关书籍、报刊上看到一些零星状况。海峡两岸是一母同胞，政见不同，可以商谈，但血浓于水的感情却不容磨灭。我们姐弟已经是五六十岁的人了，我们不希望发生在我们父辈身上的悲剧再次发生。我们希望两岸的中国人能和睦相处，共

同繁荣。我们欣闻台湾方面正在妥善处理戒严时期不当叛乱匪谍审判案件的补偿事宜，我们现在提出申请，希望两岸尽早解决有关问题。

至此，我们办理好所有相关手续，并于 2002 年 8 月 2 日正式致函补偿基金会，要求台湾有关部门对杀害我们父亲刘光典的罪行进行补偿。

在办理申请补偿的过程中，我了解并熟悉了向台湾申请补偿的所有手续和程序，特别是台湾方面的要求与规定。因此，在后来的日子里，我还为在大陆的其他要求补偿的人员提供过指导和帮助。

经过 3 年 8 个月的漫长等待，在 2006 年 4 月 11 日，我们终于得到了第一件印有"财团法人戒严时期不当叛乱暨匪谍审判案件补偿基金会函"文头字样的函件。发文日期是"中华民国 94 年 4 月 11 日"。

来函正文为：

主旨：台端申请刘光典君补偿案，请于文到 1 个月内补送刘光典君之相关照片凭办，请查照。

说明：一、本会民国 93 年 12 月 24 日、94 年 3 月 3 日（93）基修法戌字第 5302 号、（94）基修法寅字 0755 号函请台端补送相关照片，均未见复。

二、台端民国 93 年 4 月 13 日说明函以：刘光典之在台落籍情形及实际死亡日期知之甚少，故无法准确答复等情，嗣经提报审查小组后，决议暂予保留，并请申请人提供刘光典君之相关照片（如：独照、证件照、家属合照等），俾利认定相关亲属关系，故请台端提供刘君之照片凭办。

三、若未于期限内补正相关资料，本会依戒严时期不当叛乱暨匪谍审判案件受裁判者补偿金申请认定办法第七条之规定办理，条文内容请参阅附件。

在这件来函中，有一件附件，即来函中指出的申请认定办法第七条。我仔细阅读了它，原文为：

申请人依前条规定提出申请者，其检具之材料或文件有欠缺或不合规定者，财团法人戒严时期不当叛乱暨匪谍审判案件补偿基金会（以下简称基金会）应限期令其补正，届时不补正或补正不完全者，驳回其申请。

从来函内容看，该组织曾于 2004 年 12 月及 2005 年 3 月两次给我们来函，要我们寄去父亲刘光典的照片，但我们一直没有接到来函，不知原因何在。

接到此函后，我们立即把父亲的一张半身照片寄到了补偿基金会，接着又是漫长的等待。到了 2006 年 4 月 27 日，我们姐弟三人终于收到了补偿基金会寄来的决定，在函件速别栏有"最速件登记"字样，从台北寄到北京我们的手中，用了一周时间，这在两岸尚未通邮时，算是相当快了，来函中有如下表述：

说明：

（一）本会第 4 届第 16 次董监事会审查决议：刘玉芳、刘玉胜、刘玉平君（男、民国 37 年 1 月 14 日生、大陆居民证号××××，住址：××××）申请刘光典补偿案，不予补偿，主要理由为：原判决认定刘光典意图以非法之方法颠覆政府而着手实行，系以刘君受共匪之领导，为匪传递情报，担任联络工作转达匪命，令同案被告王耀东调查台湾西部沿海港口地志、海潮涨落与国军驻防情形，将其在台探得之资料整理备取，送达香港复命，此外并协助潜台洪匪国式搜集情报等情，业据刘君于侦、审中自白不讳，核与同案被告王耀东供述情节相符，以及在王耀东住处所搜获刘君搜集之相关军事情报、要塞电台密码、洪国式在台工作关系路线表，可供佐证，事证明确，应认定本案确有证据，依戒严时期不当叛乱暨匪谍审判案件补偿条例第八条第一项第二款之规定，不予补偿。

（二）若不服本会决定，请依诉愿法第四条第一项及第五十八条之规定，于收受本决定函后之次日起 30 日内，按诉愿法第五十六条所列各款，缮具诉愿书经由本会向行政院提起诉愿。

我们看到此函，并不觉得意外，其结果完全在意料之中。但我却没有想到，该基金会在审查赔偿案件中，竟然如此站在蒋介石集团反共反人民的立场上，维护其残害共产党人的罪恶行径，坚持赔偿条例中有关对共产党从事革命活动而被杀害不予赔偿的条文而作出决定，根本不考虑被害者家属的感受与苦难。另外，在来函中，对共产党及革命者处处称匪道谍，充满仇恨情绪。

与此同时，来函还指出，我们如果不服决定，可以在收到审查决定的 30 天内，通过该基金会向台湾"行政院"提起诉愿。于是，我着手起草诉愿书，经过几次修改，诉愿书拟好，全文如下：

敬启者：等候多年，终得（95）基修法壬字第 1473 号等三函，阅毕甚为遗憾，现诉愿如下：

（一）据我们及亲戚了解，家父刘光典，一直从事医药生意，年轻时为养妻育子，常奔波于各地，结交不同人士。公元 1949 年下半年，家母王素莲曾接到家父自南方家书，言其外出做生意，从此杳无音信。

（二）公元 1953 年前后，突闻家父在台被囚，因隔海茫茫，详情难解，家母原体弱多病，因心脏病突发去世，年仅 33 岁，所遗我子女三人终日无依无靠，在艰难困苦中度日，其状难以言表，外人更难以想象，为此家母及我子女三人承担了多方面痛苦。我们子女三人至 1990 年前后，才知家父在被关 6 年后于 1959 年被蒋氏枪杀，英年仅 37 岁，我们得知后已欲哭无泪。

（三）世人皆知，由于蒋氏自 1949 年抵台后，为巩固其地位不惜乱杀无辜，同党战友亦不放过，一时多少冤魂落难宝岛，又有多少人在酷刑下屈打成招。正因为如此，至公元 1970 年代，台湾岛内风起云涌，在各有识之士的努力下，当局不得不低头认错，继而出台深得人心的补偿条例，尽管如此蒋氏后代及继承人终因不得人心而下野。

（四）然而，来函却指家父为匪谍及颠覆政府，以此拒绝补偿。其实家父刘光典一直无党无派，50 年代，台湾处于白色恐怖之中，多少义士，为台湾广大劳苦大众争取自由，奋起与蒋氏斗争，如今分析，此举绝非"非法"，即使真的有违反所谓"戒严法"之举动，按国际法亦不构成死罪。现杀人者不受指责，反污被杀者为非法，实难服人。另外，近年来国民党前主席连战、亲民党主席宋楚瑜欣然前往大陆与共产党握手言和，此为两岸和解大势，对中华民族有重大意义，然来函仍称"匪"道"谍"，似与现实不合拍节。特别值得强调，经多少人流血牺牲，才换取了财团法人补偿基金会的成立，从此才多少使得受难者在天之灵及其家属略感欣慰，尽管区区补偿金难以从根本上抚平受难者及家人受伤心灵，但必定表明人性、人权与人道，最终会战胜邪恶，正义终得到伸张。

为此专致函贵会，请贵会主持公道，再议此案并做出正确决定，唯此才真正符合基金会宗旨，达到抚平伤痛，化解仇恨之目的。

被害者刘光典子女刘玉芳、刘玉胜、刘玉平书

公元 2006 年 5 月 7 日于北京

诉愿书写完后，我将其寄到了位于台北的补偿基金会。2006 年 5 月下旬，我收到该会寄来的一份公函。发文日期为 2006 年 5 月 17 日。该函主旨是：检送刘玉平君等 3 人申请刘光典补偿金事件，不服本会不予补偿之决定，提起诉愿之诉愿书乙份（如附件），移请酌处。

从寄来的副本内容看，补偿基金会按照有关程序承诺，待研究过我们的诉愿书是否有理由作出决议后，将把本案的案卷和作出如何处理的答辩书，交"行政院"诉愿审议委员会。

通过与补偿基金会的交往，我们感到该组织还是十分认真负责，十分敬业的。对于我们的要求，花费了不少时间和精力，进行调查研究之后作出结论，尽管从结果来看，我们难以达成一致的观点。

另外，在以后两年时间的行政诉讼中，该基金会又对我们进行了各方面的协助。

4. 行政诉讼整两年

2006 年 5 月 30 日，我们又收到来自台湾的两封公函，第一封公函来自财团法人海峡交流基金会，来函的公文纸头印有"财团法人海峡交流基金会书函"字样。这封公函与过去几年我们收到的公函文头字样已完全不同。

另一封公函来自"行政院"秘书长。文头上印有"行政院秘书长函"字样，由此可知这是台湾的所谓"行政院"的来函了。受文者是我们姐弟三人。发文日期为"中华民国 95 年 5 月 30 日"，可见这件公函是出自所谓"行政院"。事实上，"中华民国"这个称号，早在 60 年前就被击碎了。但面对这一印有"中华民国"称谓的公函，我又不得不与之打交道，不得不面对这一"现实称谓"。

来函正文为：

主旨：检还台端等因申请刘光典君戒严时期不当叛乱暨匪谍审判案件补偿基金事件诉愿案诉愿书 1 份，请于文到之次日起 60 日内补具台端等之出生年月日、住居所、身份证明文件字号补行签名或盖章，并检附原行政处分书影本送本院。

说明：诉愿法第五十六条第一项规定：诉愿应具诉愿书，载明诉愿人之姓名、出生年月日、住居所、身份证明文件字号暨诉愿之事实及理由，由诉愿人签字或盖章。第二项规定：诉愿书不和法定程式经通知逾期不补正者，应为不受理之决定。

此来函是告知我们，在之前我们寄去的诉讼书中，没有注明我们的出生日期及现住址、身份证明文件。还需要我们的签名盖章，而且要在收文以后 60 日内补齐所需文件及手续，不然将不予受理。

这是我们收到的第一封由台湾财团法人海峡交流基金会寄来的函件。关于台湾财团法人海峡交流基金会这一组织，我早已对它有些了解。这是一个名为民间组织，实际上有着强烈政治色彩的机构，该组织成立于 1990 年 11 月 21 日。

自台湾当局于 1987 年 11 月 2 日开放台湾地区民众赴大陆地区探亲以来，随着两岸各界人士往来交流的增加，两岸民间交往日益频繁，因此需要一个为便利两岸交往的服务性的机构，以对增进两岸交流起到积极的便利和促进作用。于是，台湾财团法人海峡交流基金会，即海基会应运而生。基金会是以一座桥而不是一堵墙为己任，执行"政府"委托办理的两岸民间交流中技术性和事务性工作。

然而，随着两岸人员往来不断增加，形势不断发生变化，一些令两岸各界不愉快的事情也发生了。于是大量相关工作需要有人去做，这些工作包括两岸同胞出入境收件、核转，大陆地区的文书验证及送达，以及两岸司法纠纷调解处理、学术文化交流活动，等等。十几年来，经历风风雨雨，海基会为加强两岸交流，为两岸民众服务及方便和协助有关官方活动都尽了不少力。特别是在 1992 年，大陆海峡两岸关系协会汪道涵会长与海基会辜振甫会长会面达成"九二共识"，为两岸不断加强联系打下良好基础。海基会采取财团法人基金会形式，所需活动经费由"政府"与民间共同筹措，其成立初定位为：以协调处理台湾与大陆人民往来事务，并以保障两地人民的权益为宗旨，不以营利为目的。

该会主要从事海峡两岸之间有关出入境手续办理、文书送达、人犯遣返、贸易投资、文化交流、保证大陆和台湾双方人员的合法权益、为两岸民众提供咨询、完成"政府"委托办理的有关事务共计七项业务。为了保证海基会的正常工作，该会拟定了基本章程，共有四章二十五条，以便保证基金会照章行事。

基于我们此次执行的是"行政诉讼"，因此由海基会承担了诉讼过程中有关文书、文件的传递和送达工作。于是，我们开始了与海基会的交往与共事。收到以上两封公函后，我们立即按来函要求补齐了相关手续，并且按照时间期限寄给了海基会。到了2006年6月中旬，我们又收到海基会于6月6日寄来的一封书函。此函告知我们：

兹检送行政院秘书长95年5月30日院台诉字第0950025305号函正本（含诉愿书正本）乙件，请在签收回证上填注日期并签名后，将签收回证寄回本会。

我们依对方请求，在签收回证上注明收到并签字后，将签收回证寄回了海基会。

约一个月后的7月10日，我们又收到该基金会一件函件。发文时间为7月3日，内容如下：

主旨：再检送刘玉平、刘玉芳、刘玉胜等三人申请刘光典补偿金事件，不服本会不予补偿之决定，提起诉愿案之诉愿书乙份（如附件），移请卓处。说明：依刘玉平等三人民国95年6月27日诉愿书办理。

函件下是蓝色的"董事长蔡青彦"盖章，再下是"执行长倪子修"盖章。此来函说明，补偿基金会已经研究过，认为我们有理由向台湾"行政院"提出行政诉愿，因而开始实施行政诉愿程序了。

随后的一周，我们又收到补偿基金会于 7 月 10 日发出的一件公函，随函有答辩书一份暨案卷影本一宗。来函主旨：

> 为刘玉芳、刘玉胜、刘玉平君申请刘光典君补偿金事件，不服本会不予补偿之决定提起诉愿乙案，检陈答辩书 1 份暨案卷影本 1 宗（详如附件），请鉴核。说明：依刘玉芳等 3 人民国 95 年 5 月 12 日、6 月 27 日诉愿书及诉愿法第 58 条第 3 项办理。

下面是董事长蔡青彦和执行长倪子修的盖章。

随函寄来答辩书内容如下：

> 诉愿人：刘玉芳、刘玉胜、刘玉平君
>
> 上列诉愿人因申请刘光典君戒严时期不当叛乱暨匪谍审判案件补偿金事件（案号 6801），不服本会（95）基修法壬字 1472、1473、1474 号函之决定，提起诉讼乙案，依法提出答辩如下：
>
> （一）诉愿人之诉愿意旨略谓：刘光典一直无党无派，白色恐怖时期多少义士，为台湾广大劳苦大众争取自由，奋起与蒋氏斗争，如今分析，此举绝非非法，即使真的有违所谓戒严法之举动，按国际法亦不构成死罪云云。
>
> （二）本案之决定函，本会于民国 95 年 4 月 27 发文，诉愿人于 95 年 5 月 12 日提出诉愿书，未逾法定诉愿期间，合先叙明。

（三）经查：本案于91年9月17日收案，曾经第3届第76次审查小组、第4届第6次审查小组、第4届第9次监事会、第166次法律研究小组审查及研究，并经第4届第16次董事会审查决议：本案不予补偿，主要理由为：原判认定刘光典意图以非法之方法颠覆政府而着手实行，系以刘君受共匪之领导，为匪传递情报，担任联络工作转达匪命，令同案被告王耀东调查台湾西部港口地志、海潮涨落与国军驻防情形，将其在台探得之资料整理备取，送达香港复命，此外并协助潜台洪匪国式搜集情报等情，业据刘君于侦、审中自白不讳，核与同案被告王耀东住所搜获刘君搜集之相关军事情报、要塞电台密码、洪国式在台工作关系路线表，可供佐证，事证明确，应认本案确有实据，依补偿条例第8条第一项第2款规定，不予补偿。

（四）本案经第4届第19次董监事会审查决议：本件诉愿无理由，主要理由为：诉愿人陈述，其父刘光典君为台湾广大劳苦大众争取自由，奋起与蒋氏斗争，此举绝非非法，即使真的有违所谓戒严法之举动，按国际法亦不构成死罪云云；经查，本件刘光典系经前台湾警备司令部47年10月14日（43）审特字第29号判决，以其受共匪之领导，为匪传情报，担任联络工作转达匪命，令同案被告王耀东调查台湾西部沿海港口地志、海潮涨落与国军驻防情形，将其在台探得之资料整理备取，送达香港复命，并协助潜台洪匪国式搜集情报等，认其行为已达意图以非法之方法颠覆政府而着手实

行之阶段，依据惩治叛乱条例第 2 条第 1 项之规定，处
以死刑在案。而上揭前台湾警备司令部 47 年 10 月 14
日（43）审特字第 29 号判决所载之事实，业经本会调
阅全案卷证资料审查后，认定刘君于侦、审之自白，与
另案被告王耀东、赖天亮、李显玉、钟茂春等之供述情
节相符，亦与其亲笔之自传内容一致；另查卷内并附有
在王耀东住所搜获之刘光典搜集之《陆海空军军事情
报》、《政府气象密码》、《要塞电台密码之一》、《要塞
电台密码之二》等重要物证，且洪国式亲书日记内容
亦提及刘君涉案情节，并有洪国式在台工作关系路线表
可为佐证；而刘光典仅于原审中辩称其系自首，然自始
未否认所犯案情，亦未提出刑求之抗辩。是前台湾警备
司令部 47 年 10 月 14 日（43）审特字第 29 号判决，以
刘君触犯惩治叛乱条例第 2 条第 1 项之规定判处死刑乙
案，本会原决定经审查后认定确属《触犯内乱罪、外
患罪确有实据者》之情形，依据补偿条例第 1 项第 2 款
之规定不予补偿，并无违法或不当之处。

五、综上所述，诉愿人之诉愿显无理由，请予
驳回。

谨陈

行政院秘书长

答辩人：财团法人戒严时期不当叛乱
暨匪谍审判案件补偿基金会
代表人：倪子修
中华民国九十五年七月七日

得到这件赔偿基金会给台湾"行政院"的答辩书后，我仔细阅读，其中有三点内容给我留下极为深刻的印象。

其一是我们的父亲刘光典虽身处虎穴，在随时都有生命危险的极其恶劣的环境中，在中国共产党的领导下，在其他战友的配合下，凭着大无畏的斗志和智慧，战斗在敌人的心脏里，获得了大量宝贵的情报。如果不是这件答辩书，我们尚无法得到这些详尽的情况。因此，看到此答辩书后，我对父亲和他的战友非常敬佩。他和他的战友，在敌人的重兵把守下，竟能得到蒋军陆海空军的大量重要情报及核心机密。同时，在答辩书中可见，父亲在被捕后，在敌人的军事法庭上，面对残暴的敌人对他判处的死刑，他从不抗辩。父亲早已将个人生死置之度外，视死如归，毫无畏惧，表现了大无畏的英雄气概！通过这份答辩书，我们第一次从台湾权威主管部门了解到，我们的父亲刘光典是一名真正的革命事业的英勇战士，是一名中国共产党领导下的智勇双全的隐蔽战线的顽强斗士。这一页页的白纸黑字，就是铁证！

其二是通过此份答辩书可以看出，补偿基金会这个组织，对于蒋介石集团杀害我们的父亲刘光典这一案件，以及我们提出补偿的这一要求是十分重视的。历时数年，多次开会，取证讨论，可以讲是尽职尽责的。特别值得一提的是，我在前一份文书中告诫他们要识大体，随潮流，不要再对中共人士称匪道谍。从这份答辩书中可见，他们对在台湾进行革命斗争的洪国式、王耀东等同志已不再冠以匪谍称号，这不能不承认是一种进步。

其三是补偿基金会这个组织，仍然顽固地站在当初蒋介石集团的反动立场上，为蒋介石集团屠杀共产党人和进步人士辩护，用以维护蒋介石集团的政治利益，以图使蒋介石集团逃避应得的惩罚。

综观此份答辩书，由于补偿基金会是站在蒋介石集团反共、反革命、反人民的立场上，顽固地站在杀共产党人有理的立场上，在面对一个被蒋介石集团惨杀的烈士后代的质询时，它只能采取所辩非所问的方式搪塞，因而答辩显得苍白无力。比如，我们提出：从今日观点看，对于父亲刘光典在白色恐怖时期，为将广大劳苦大众从蒋介石集团的反动统治中解放出来而进行的革命行为，对其革命人士根本不应该予以杀害。特别是从国际法，从维护人权、人道主义立场出发，对于被关在监狱长达五年，对蒋介石集团不构成任何威胁的一名俘虏，更不应该判处死刑，还有蒋介石集团的违反国际法，反人权、反人道的罪行，对于蒋介石判处父亲刘光典死刑的依据，必须予以否定。但是，该会对我们提出的这一系列重大问题不做任何答复，只是一概无言以对。

可以讲，这份答辩书自始至终都死抱着当初蒋介石集团制定的"意图非法颠覆政府并着手实施"这一条作为依据，坚持当年蒋介石集团的反动立场，对残酷杀害我们父亲的行为拒不认罪，对我们的索赔要求进行拒绝。

当然，如果回过头来设身处地地分析一下现实，由于有当初制定的赔偿条例存在，从事这项工作的任何人都只能照本宣科，依"法"办事。因此，在当时，补偿基金会的工作人员的确无法找出任何理由和根据，对蒋介石集团杀害父亲的罪行进行任何赔偿。与此同时，补偿基金会虽然认为我们无理由要求赔偿，但还是基本上做到尊重我们的权利，没有对我们提起行政诉讼设立障碍，同意了我们的提起诉讼的要求，并按程序向台湾"行政院"转达了我们的诉讼要求。继而在行政法庭实行了行政诉讼。

又经过一段时间的等待，我们于 2006 年 10 月下旬，收到了海基会的一封书函。

这是"行政院"决定书，内容如下：

诉愿人等因申请刘光典君戒严时期不当叛乱暨匪谍审判案件补偿金事件，不服戒严时期不当叛乱暨匪谍审判案件补偿基金会（95）基修法壬字第 1472、1473 及 1474 号函，提起诉愿，本院决定如下：

主文

诉愿驳回。

事实

诉愿人等以渠等父亲刘光典君外出经商，先后去东北、北京、上海、香港及台湾，38 年失去音讯，但 79 年渠等震惊听闻其在台被莫须有之原因杀害，并在相关书籍及报刊上看到零星情况云云，于 91 年 9 月 17 日向财团法人戒严时期不当叛乱暨匪谍审判案件补偿金（以下简称补偿基金会）申请补偿金。补偿基金会分别以 95 年 4 月 27 日（95）基修法壬字第 1472 号、1473 号及 1474 号函复，以刘光典君受共匪之领导，为匪传递情报，担任联络工作转达匪命，令同案被告王耀东君调查台湾西部沿海港口地志、海潮涨落与国军驻防情形，将其在台探得之资料整理备取，送达香港复命，并协助潜台洪国式君搜集情报等情，业据刘君于侦审中自白不讳，核与同案被告王耀东君供述情节相符，又有其亲笔自传、搜获刘君搜集之相关军事情报、要塞电台密码、洪国式在台工作关系路线表，事实明确，不符补偿条例（以下简称补偿条例）第8条第一项第2款规定，不予补偿。诉愿人等不服，以刘光典一直无党无派，50年代台湾处于白色恐怖之中，为争取自由奋起与蒋氏斗争，此举绝非非法，即使真有违反所谓戒严法之举动，按国际法亦不构成死罪云云，提起诉愿。

理由

按：有下列情形之一者，不得申请补偿：（一）……（二）依限行法律或证据法则审查，经认定触犯内乱罪或外患罪确有据者。为申请当时补偿条例第8条第一项第2款所规定。查前台湾警备司令部47年10月14日（43）审特字第29号判决，以刘光典受共匪之领导，为匪传递情报，担任联络工作转达匪命，令同案被告王耀东君调查台湾西部沿海港口地志、海潮涨落与国军驻防情形，将其在台探得之资料整理备取，送达香港复命，并协助潜台洪国式君搜集情报，认其行为已达意图以非法之方法颠覆政府而着手实行之阶段，依据惩治叛乱条例第2条第一项规定，处以死刑，剥夺公权终身，全部财产除酌留其家属必需生活费用外没收，有该判决影本附补偿基金会卷可稽。又上开前台湾警备司令部47年10月14日（43）审特字第29号判决所载之事实，业经补偿基金会调阅全案卷证资料审查，认定刘光典君于侦审中之自白，与另案被告王耀东君、赖天亮君、李显玉君及钟茂春君等之供述情节相符，亦与刘君亲笔之自传内容一致，卷内并附有在王耀东君住所搜获之刘君搜集之陆海空军军事情报、政府气象密码、要塞电台密码之二等重要物证，及洪国式君在台工作关系路线表等可资佐证，而刘光典君于侦审中未否认所犯案情，亦未提出刑求之抗辩，业经补偿基金会 95 年 7 月 10 日（95）基修法壬字第 4561 号函附诉愿答辩书辨明在卷，补偿基金会以刘光典君因叛乱案件确有实据，依申请当时补偿条例第 8 条第一项第 2 款规定，核定不予补偿，并无不妥，所诉不足采。原处分应予维持。

决定书

　　据上结论，本件诉愿为无理由，依诉愿法第 79 条
第一项决定为如主文。

　　文下是诉愿审议委员会主任委员陈美伶，委员姓名依次
是：王俊夫、蔡墩铭、蔡茂寅、周志宏、陈慈阳、林明锵、
陈德新、林锡遥、苏永富。再下是"中华民国 95 年 10 月 2
日"。最后盖有红色"行政院长"大方章并有"院长"苏贞
昌的签名。

　　此文最后有如下文字："如不服本决定，得于决定书送
达之次日起两个月内向台北高等行政法院提起行政诉讼。"

　　最后，随函还有一份"行政院"送达证书，其中一栏
是收到确认后签字，我们没有按照对方要求在到达证明上签
字，一是时间太紧，二是以示抗议。我们一直认为，待仔细
阅读、分析来文后再采取下一步行动。对方后来催促了几

次，直到 2007 年 2 月 2 日，对方又寄来一函。如此看来，对方对此案审理的完善结束还是十分认真负责的。我们随后签了字并将送达证明寄给了海基会。

仔细阅读来文，给我最深印象的是，台湾行政诉愿审议委员会，仍然是喋喋不休地反复叙述一个观点，那就是我们的父亲刘光典由于意图以非法之方法颠覆"政府"而着手实行，理应被判处死刑。文中花费大量文字，列举了我们的父亲刘光典在台湾从事情报工作的相关内容，并且将各个不同案件及人员列为证据，证明父亲刘光典所犯的"罪行"铁证如山。不仅如此，还叙述了父亲刘光典于侦审判各个环节均未抗辩，以证明父亲所犯"罪行"确凿无疑，被判死刑理所应当。

当然，这个审议决定的出台，还有着一定的客观理由。参与审议的人员虽然来自不同部门，身份不同，但人人非等闲之辈，他们有的是从事司法工作的，有的是社会知名人士。然而，他们再审议此案时，没有权利和能力违反相关条文，只能依据那份已经过时了的赔偿条例中的有关条文进行研判和裁决。他们无法体会到我们这些家属后代所承受的苦难与艰辛，他们更无法正面回答我们在诉愿中提出的问题，因而只能用苍白无力的官样文书中的相关文字来搪塞此事。对此，我们也无法过分地埋怨和苛求他们，因为造成这个结局的根本原因和责任不在他们，他们也无义务无权利，将我们所提出的要求，转至其他机关或研究后给出一个满意的答复。

另一方面，台湾"行政院"发来的这份书函，更进一步有力地证明，我们的父亲是一名坚定的无产阶级革命战士，是一名优秀的中共隐蔽战线战士，是一名大无畏的革命英雄。

综观来函全文，在对中共在台湾工作的同志如洪国式、王耀东等人虽然已不再冠以匪谍称号，但在提及中国共产党时，仍用"匪"字，足见当政者对中共仇恨之深。

我们在阅读完此份来函后，决定向"台北高等行政法院"提起"行政诉讼"，2006 年 11 月 3 日，我起草了一封致海基会的函，内容如下：

> 贵会于 2006 年 10 月 12 日关于诉愿驳回之文收讫。关于家父刘光典之被蒋氏独裁集团杀害及其在政治、经济等方面予以赔偿之文，我已数次向相关方面提出诉愿，并以有力的缘由陈诉多次，但今日接到的贵会回文，其内容实在令人难以接受。众所周知，财团法人海峡交流基金会担任联络两岸政治、经济、文化及两岸人员进行多方面交流的重任，本应顺应时代政治潮流，为妥善处理两岸历史遗存及当今新发生事件而发挥作用。然而从来文看，仍称匪道谍，以不合时宜之字眼凸显陈旧而无力。
>
> 来文陈述之不予赔偿之理由依据之一，仍认为家父为触犯内乱罪或外患确有实据者。关于此点，我已在前几次去函予以驳斥，现不再重复。此次去函则再次恳请贵会改变立场与观点，重新认识蒋氏独裁集团在 50 年代初所采取的乱杀无辜的非人道行为；并要求贵方联系相关部门修改赔偿条文，去除所谓内乱外患之不当字

眼，重新审视蒋氏之违犯国际法，违反人道法，最终受到时代与人民唾弃的行径。从而得出正确结论，在政治经济上给予受害者适当赔偿。

敬启者，当今潮流向着正义与人道发展，两岸人民交流日益增加，愿历史上发生的流血惨案不再重现，两岸的中华民族必将成为一家，两岸也不会永远分裂下去，这是历史发展的必然。愿贵会能在祖国统一，民族团结，共同造福于中华民族繁荣昌盛的伟大事业，在解决历史遗存问题，消除两岸因历史而产生的怨仇方面做出贡献。

另外，按行政诉讼法规定，如不服贵会之处理决定可向台北高等行政法院提起行政诉讼，我们将行使此权利提起诉讼。但如果贵方不能重新审视历史，得出蒋氏独裁集团乱杀无辜之行径的正确结论，诉讼也是无用的，但我们相信总有一天蒋氏独裁集团的反人类、反人道的罪行会得到公认与清算。

受害者后代刘玉平等三人

2006 年 11 月 3 日

从此，我们又开始了就此案向"台北高等行政法院"提起诉讼的准备工作。2006 年 12 月 7 日，我写好了诉讼状并将其寄到海基会，请海基会将诉状转至"台北高等行政法院"。全文如下：

台北高等行政法院：

我等于 10 月中收讫苏贞昌先生签发之要求赔偿之

申诉的回复，回复仍坚持原立场，并指出如我等不服，可向贵院提起诉讼，现依权提出诉讼如下：

（一）据我们及亲戚了解，家父刘光典，一直从事医药生意，年轻时为养妻育子，常奔波于各地，结交不同人士，公元1949年下半年，家母王素莲曾接家父自南方家书，言其外出做生意，从此杳无音信。

（二）公元1953年前后，突闻家父在台被囚，因隔海茫茫，详情难解，家母体弱多病，因此心脏病突发去世，时年仅33岁，所遗我子女三人终日无依无靠，在艰难困苦中度日，其状难以言表。局外人更难以想象，为此家母及我子女三人承担了多方面痛苦。我们子女三人至公元1990年前后，才知家父在被关6年后于1959年被蒋氏枪杀，英年仅37岁，我们得知后已欲哭无泪。

（三）世人皆知，由于蒋氏自公元1949年抵台后，为巩固其地位不惜乱杀无辜，连同党、战友亦不放过，一时多少冤魂落难宝岛；又有多少人在酷刑下屈打成招。正因为如此，至公元1970年，台湾岛内民主潮流风起云涌，在有识之士的努力下，当局不得不低头认错，继而出台深得人心的补偿条例。尽管如此蒋氏后代及继承人终因不得人心而下野。

（四）然而，来函却指家父为匪谍及颠覆政府，以此拒绝补偿。其实家父刘光典一直无党无派。50年代初，台湾处于白色恐怖之中，多少义士，为台湾广大劳苦大众争取自由，奋起与蒋氏斗争，如今分析，此举绝非非法，即使真的有违反所谓戒严法之举动，按国际法亦不构成死罪。现杀人者不受指责，反污被杀者为非法实难服人。另外，近年来国民党前主席连战、亲民党主席宋楚瑜欣然前往大陆与共产党握手言和，此为两岸和解大势，对中华民族有重大意义，然来函仍称匪道谍，似与现实不合拍节。特别值得强调，经多少人流血牺牲才换取了财团法人补偿基金会的成立，从此才多少使得受难者在天之灵及其家属略感欣慰，尽管区区补偿金难以从根本上抚平受难者及家人受伤心灵，但必定表明人性、人权与人道，最终会战胜邪恶，正义终将得到伸张。

为此向贵院提出如下要求：

（一）责成相关部门立即修改《财团法人戒严时期不当叛乱暨匪谍审判案件补偿法》，去除其中所谓确有证据之叛乱等条文。

（二）对于乱杀无辜之行为认真进行反省，依照国际法进行补偿。

（三）适应时代潮流，端正思路，在今后行文中不得再称匪道谍，以利于两岸的和解，促进和平统一大业早日完成。

此致

冬祺

受害者刘光典之子女刘玉芳、刘玉胜、刘玉平

公元 2006 年 12 月 7 日于北京

　　诉讼书寄出后，经过一个月左右的时间，我们于 2007 年 1 月中旬，收到海基会的两份公函，其中一件，发文日期为 2007 年 1 月 11 日，题为《台北高等行政法院裁定》。文中要求我们补正一应材料：

　　　　起诉状应依行政诉讼法第 105 条、第 57 条、第 58 条等规定，记载当事人【记载原告、被告及其代表人姓名（与机关之关系）本件应以"财团法人戒严时期不当叛乱暨匪谍审判案件补偿基金会"为被告】，并陈明应为之声明、诉讼之种类、事实及法律上之陈述等，由原告或代理人签名或盖章。兹检附书状参考格式，原告应另行补正于程式之起诉状正本及缮本各一份。

　　这份公函后面，共有四张印有与行政诉讼内容有关文字的样本。第一张是印有行政诉讼补正状的样本，第二、三张是填写原告诉讼的事实及理由，以及填写物证名称及数量的位置。最下面是填写具状人及撰状人签名盖章的时间的位置。

　　附来的最后一页纸上印有提起行政诉讼第一审程序的注意事项，共列出四大项。

　　第一项是起诉，列有（一）起诉应向管辖之"台北高等行政法院"提起诉讼。（二）起诉状应用司法状纸，并表明下列事项：①当事人。②起诉之声明。③诉讼标的及其原因事实。④附属文件及其件数，如经诉愿程序者，应附具决定书。⑤"台北高等行政法院"。⑥年、月、日。（三）当事人及有关人员签名盖章。（四）诉讼内应有内容。

第二项为起诉状应按被告人数附具诉状缮本。

第三项是起诉有无逾越法定期限，以"台北高等行政法院"收受诉状之时间为准。

第四项要求诉讼人缴纳邮资，购买邮票。按邮政通信资费规定，预交付 10 封从台湾寄往大陆的挂号信费用，共计 340 元新台币。

同时寄来的第二件函件是《台北高等行政法院通知》，此通知的主旨是：

> 请预缴双挂号邮票340 元（即 9 元、25 元邮票各 10 份）。说明：本院受理 95 年度诉字第 04317 号台端因戒严时期不当叛乱暨匪谍审判案件补偿金事件，起诉时未交纳送达文件用邮，请于 14 日内预缴双挂号邮票 340 元（即 9 元、25 元邮票各 10 份），以备送达文书之用。

看来此诉讼的诉讼费是免交的，来函通知中并没有提出应缴纳诉讼费之要求。

看过这两份来函后，我仔细思考来函所表达的意思。向"台北高等行政法院"提起诉讼，应该不是一件简单容易的事情。对蒋介石集团杀害父亲刘光典一案，要求台湾有关部门给予补偿，从开始准备到实施历经十年。客观地讲，台湾有关部门对此案的处理是认真负责的，这从几年来办案过程已能反映出来。但是，由于《补偿条例》拟定与实施的历史背景，还处于国民党蒋经国执政时期，这个条例是立足于维护蒋介石、蒋经国集团的利益和政治观点，站在反共的立场上形成的。因而要求台湾当局对杀害父亲的罪行进行补偿无疑是根本不可能实现的。但即便如此，我们也要与台湾有关部门抗争到底，通过诉讼过程，利用这一机会，谴责蒋介石集团的反革命暴行，伸张革命正义，为烈士申冤，并为将来修改补偿条件，改变现状、否定过去的局面而努力。

另外，我们之所以这样做，还有一个重要的原因。那就是蒋介石集团杀害的并非我们的父亲刘光典一人，他们还杀害了一大批在台湾为了祖国统一而舍生忘死的优秀战士。对于过去的残暴罪行，我们决不能置之不理；我们决不会让一大批牺牲在台湾的烈士的鲜血白流；对于台湾当局及相关部门的错误决定，我们更不会就此罢休。否则，我们对不起那些献出宝贵生命的烈士，更对不起那些惨死在蒋介石集团手中的成千上万个烈士的家属和后代。因此，尽管困难重重、尽管前景渺茫、尽管暂时无望，我们也要坚持斗争到最后一刻。于是，2007年1月30日我又拿起笔来，写好一份《行政诉讼补正状》，要求财团法人戒严时期不当叛乱暨匪谍审判案件补偿基金会撤回不予赔偿的决定，并给予我们应得的各方面赔偿。

应对方要求，我同时寄去20美元，换算折合新台币约600元，足够他们来信来函所支付的邮资。

此件寄出后约半个月后，我收到海基会来函。发文时间是2007年2月12日。函件提及：

贵院之送达证书、行政诉讼补正状、信函、美金二十元正及信封影本各乙件，请查收。

函中有一说明：复贵院 96 年 1 月 4 日院田二股 95 年度诉字第 4317 号第 0960000108 号函。后盖有海基会红、蓝色公章。

此函正本交"台北高等行政法院"，副本寄交给我。

收到这件来函，表明我的诉讼文书也转到了"台北高等行政法院"。接下来就是等待"台北高等行政法院"的消息了。当然，我并不期待会有什么奇迹发生，"台北高等行政法院"肯定会否决我们的诉讼要求。

果然，等待了整整半年的时间，2007 年 7 月中旬，我收到了海基会的书函。文上除印有常规地址、文号等内容外，主要内容是：

> 兹检送台北高等行政法院 95 年度诉字第 4317 号戒严时期不当叛乱暨匪谍审判案件补偿金事件裁定正本乙件，请在送达证书上填注日期及签名后，将送达证书寄回本会。

此函的正本送我们姐弟三人，副本送"台北高等行政法院"。文后同样盖有红、蓝色两枚海基会的公章。

我接着看到另一份文件，封面上白纸黑字印有"台北高等行政法院裁定正本"。内容为"台北高等行政法院裁定"。文号为 95 年度诉字第 4317 号，原告为刘玉芳等姐弟三人。正文是：

> 上列原告与财团法人戒严时期不当叛乱暨匪谍审判案件补偿基金会因戒严时期不当叛乱暨匪谍审判案件补

偿金事件，原告不服行政院中华民国 95 年 10 月 2 日院台诉字第 0950091639 号诉愿决定，提起行政诉讼，本院裁定如下：

主文

原告之诉驳回。诉讼费用由原告负担。

理由

（一）按行政诉讼第 107 条规定："原告之诉，有左列（下列）各款情形之一者，行政院应以裁定驳回之。但其情形可以补正者，审判长应定期先命补正；起诉不合程式或不备其他要件者（第一项）。撤销诉讼，告于诉状误列被告机关者，准用第一项规定（第二项）"。又起诉，应以诉状表明为当事人、起诉之声明、诉讼标的及其原因事实（即事实上及法律上之陈述、供证明之证据等）。其中诉状应表明之被告，在经诉愿程序之行政诉讼，系指驳回诉愿时之原处分机关。

（二）撤销或变更原处分或决定时，为最后撤销之机关。行政诉讼法第 105 条第一项、第 57 条、第 24 条复分别定有明文。是在经诉讼程序之撤销诉讼当中，原告之起诉状若未记载当事人、起诉之声明、诉讼之声明、诉讼标的及原因事实，或起诉至机关为起诉对象时，依前揭行政诉讼法第 105 条第一项、第 57 条、第 24 条规定，即有起诉不合书状程式，或起诉未认合格之机关为被告之不备其他要件之违法，而应有前揭行政诉讼法第 107 条规定之适用。又按其情形皆可补正，经审判长定期命补正仍不补正者，法院应以裁定驳回之。

（二）本件原告不服行政院中华民国 95 年 10 月 2 日院台诉字第 0950091639 号诉愿决定，提起行政诉讼，惟原告起诉状未以行政诉讼法第 105 条第一项，第 57 条及第 58 条等规定表明起诉声明、诉讼种类及附具事实上及法律上之陈述等，复未依第 24 条第一款规定以驳回诉愿时立原处分机关（即财团法人戒严时期不当叛乱暨匪谍审判案件补偿基金会）为被告，因有起诉不合程式或不备其他要件之违法，且其情形可以补正，经本院审判长于 95 年 12 月 14 日裁定命其于该裁定送达之日起 14 日内补正之，该裁定于 96 年 1 月 18 日送达原告，有本院之送达证书附卷可稽。虽原告刘玉平于 96 年 1 月 30 日撰具补正状到院，补正格式之被告财团法人戒严时期不当叛乱暨匪谍审判案件补偿基金会及其刘光典因届打成招，最终被杀害之事实上陈述，但有关诉讼种类及法律上陈述等，均付诸阙如未予补正，且未载明被告财团法人戒严时期不当叛乱暨匪谍审判案件补偿基金会之代表人姓名（与机关之关系）自难认其补正已完足。揆诸前开说明，本件原告之诉即不合法，应予驳回。

（三）据上论结，本件原告之诉为不合法，爰依行政诉讼法第 107 条第一项第 10 款、第 104 条，民事诉讼法第 95 条、第 78 条、第 85 条第 1 项，裁定如主文。

中华民国 96 年 6 月 12 日

第一庭审判长法官　王立杰

法官　刘锡贤

法官　林惠瑜

148

上为正本系照原本作成。

如不服本裁定，应于送达后 10 日内向本院提出抗告状（须按他造人数附缮本）。

中华民国 96 年 6 月 12 日

书记官　刘道文（盖章）

此文后盖有"台北高等行政法院"大红印。

读过此函，我觉得对方以我们起诉不合情形为理由，驳回了我们的起诉，可谓极为高明。对于这个案子，反反复复已争执多年，先是经过多次与补偿基金会交涉，对方也经过多次讨论，接着我们又实施了行政诉愿，对方都裁定对此案不予赔偿。其根据就是那条关键的条文，即对当时从事推翻国民党、蒋介石集团工作的中共人士不予赔偿。这一条文也正是国民党蒋经国执政时确定的。

至 2007 年，台湾虽然发生了很大变化，政治气氛比以前缓和了很多，但是当时的有关执政及司法机构办案，只能依照已有规定的条文办理。这必然又牵扯到一个非常重要又敏感的所谓匪谍条文。因此，"台北高等行政法院"对此案干脆以起诉不合要求为理由给予驳回，以避免引来更多的争执与反复。

其实，对于"台北高等行政法院"对待此案的态度及结果，我们心知肚明，即使我们的起诉合乎他们的相关规定，他们也会制造各种理由和说法，判我们原告败诉，这是毫无疑问的，是必然的结果。至此，官司已打到了"台北高等行政法院"，可以说到了台湾最高的"说理"机构，除此以外，再无其他机构。虽然来函告诉我们"如不服本裁定，应于送达后 10 日内向本院提出抗告状"，但我们知道，即使我们再行抗告，其结果也是一样，肯定判我们败诉。

另外，2007 年年中，台湾大选如火如荼。而且看其形势，由于民进党执政几年把台湾的各方面搞得一塌糊涂，因而越来越不得人心，而国民党大有卷土重来之势。为了给将来留有工作余地，我们决定暂时放弃抗告，也暂时不采取其他措施。把眼光放在以后，看看国民党马英九上台后，有无改变的可能。于是，我们决定，此案就此打住，不再行使抗告的权利和程序。

回顾这十几年，经过之前的准备和四年来实质性索赔程序的实施，虽然结果很不理想，但我们的收获亦不小。

第一个收获就是从台湾方面，无论是民间渠道还是官方渠道，我们都获得了确实可靠的证据和第一手资料。这些证据和材料清楚地证明，我们的父亲是一名坚定的革命者，是中国共产党隐蔽战线的优秀战士。在台湾岛上近十年的战斗中，无论是与战友并肩作战，还是孤身躲避敌人的追捕，他都时刻不忘身负的重任。在他与组织失去联系后，在他与台湾同胞共同在深山渡过艰难困苦的四年中，在被捕后只身陷入牢笼被囚五年的这些岁月中，他始终怀着坚定的革命信念毫不动摇。还有，父亲刘光典无论是在与敌人斗智斗勇的凶险环境中，还是在无畏无惧面对国民党军事法庭的生死判决中，都坚持革命者的立场不背叛。最后，父亲刘光典无论是面对敌人的百般利诱还是面对敌人的枪口，都以大无畏的革命精神面对生死，用自己的生命与鲜血，证明他无愧于中国共产党的培育和信任，无愧于父母的养育和期待，更无愧于他的妻子和儿女。

我们的父亲刘光典，虽然没有给我们留下任何物质财产，但他却给我们及子孙后代留下了用金钱无法换取的荣誉，留下了一笔无法计算的宝贵的精神财富。他的英雄事迹和光辉形象，会永远鼓舞后人去努力完成祖国统一的宏图大业。

第二个收获是通过申诉与索赔，我们无论是面对补偿基金会和海基会，还是面对台湾"行政院"及"台北高等行政法院"，在进行申诉、索赔和之后行政诉讼的过程中，都对当初蒋介石集团镇压革命、残杀中国共产党人和进步人士的罪恶行为进行抨击，对如何化解历史仇恨、接受历史教训、促进两岸交流、早日达成祖国和平统一，提出了我们的见解和希望。比如在较早的台湾来函中，文中对中共地下工作者一律称匪谍，后经我们指出此种称谓与时代发展潮流不符后，对方来函就改变了这种说法，这不能不说是一种很明显的进步及改善。

第三个收获是，在这十几年中，我们接触了不少台湾相关部门的人员，在做工作的过程中，得到了很多台湾同胞的帮助。我们体会到，这些同胞办事十分认真、负责、敬业。与此同时，也感觉到相关办事过程中，各项规定有依据可循，有程序可遵。当然也有不尽如人意之处，但总的来讲对方还是尊重我们的，对我们的诉讼是认真对待的，办事效率也还令我们满意。

当然，最令我们感动和难忘的是台湾地区戒严时期政治事件处理协会和受难人互助会的同胞对我们的热忱帮助。在十几年的漫长时光里，他们不辞辛苦、不怕麻烦，甚至用自己的财物为我们提供相关帮助。他们有的在白色恐怖时期经受过严刑拷打，有的曾被多年关押，如今年事已高，身体欠佳；有的父辈被杀，从小受苦受难直到今日生活也不算宽裕；甚至有的身居要职，也参与此案，无奈前有条文所限，一时无法相助。我们对此深受抚慰，深切感激，没齿难忘。我们会将此情况转告我们的后人，让他们永远记住台湾同胞的无私帮助和深情厚谊！他们有李坤龙、陈明忠、林丽锋、王锦松等。当然，在这些年里，由于长期接触往来，我们也都成了好朋友。愿这血浓于水的同胞情谊日渐深厚，愿这深情厚谊与日月同辉，永世长存，昭示千秋万代！

由于我们放弃了对"台北高等行政法院"的抗告，半年后的2008年1月中旬，我们收到了由海基会寄来的一封书函。书函发出日期为2008年1月4日。文号为海隆法字第0970006431号。附件如文：

（一）兹检送台北高等行政法院95年度诉字第4317号戒严时期不当叛乱暨匪谍案件补偿金事件退邮通知及邮票657元各乙件，请在送达证书上填注日期并签名后，将送达证书寄回本会。

（二）请查照

正本：刘玉平

副本：台北高等行政法院（无副本）

后面盖有红、蓝两色海基会的公章。此函的正本是"台北高等行政法院"记录科通知：

> 本院受理 95 年度诉字第 4317 号戒严时期不当叛乱暨匪谍审判案件补偿金时间，业经终结，计结存预纳送达邮票 657 元，随文发还，请查收。台北高等行政法院书记官刘道文。

下面盖有蓝色长方形"台北高等行政法院"记录科章。

至此，这场旷日持久的官司终于告一段落了。但是，为声讨蒋介石集团杀害家父刘光典的罪恶行径，我们永远不会罢休。

5. 忠魂铁骨遗何方

1991 年，根据《安全局机密文件——历年办理匪案汇编》一书中记载的父亲的案情，经过我有关部门和人员的工作，我们的父亲刘光典于 1991 年被追认为革命烈士，并于同年在北京八宝山革命公墓骨灰陈放处安置了一个空骨灰盒。父亲刘光典被杀以后，由于两岸持敌对状态，父亲何月、何日被杀害，被杀害后遗体又是如何处理的，目前处理后的遗体具体在台湾什么地方，几十年来，我们没有任何线索和准确消息。

经过多年、多方寻找和验证，父亲的身份已初步查清。他是一名肩负着革命重任，漂洋过海，最终把一腔热血洒在了祖国宝岛台湾的土地上，将自己的宝贵生命献给了祖国统一革命事业的中共隐蔽战线战士。此时，父亲刘光典正长眠于宝岛台湾的怀抱中。但是，敬爱的父亲，此时此刻您在台湾岛上什么地方长眠？此时此刻您的忠魂遗骨是孤零零只身飘荡，还是有同时牺牲的战友陪伴？在您的忌日，是否有人给您献上鲜花以示怀念？在中国传统的清明时节，可否有人去您的灵前祭奠？

总之，父亲此时此刻究竟在哪里，做儿女的再不能对此不闻不问了！我们必须克服种种困难，进一步搞清父亲各方面的详情，找到父亲的忠骨，早日把敬爱的父亲接回大陆，接回家。即使父亲只剩下一坛忠骨，也要设法使他与我们早日相聚，以达全家得以团圆的结局。于是，我们又走上了寻找父亲遗体的漫漫长路。

其实，寻找父亲刘光典烈士遗骨的工作始于20世纪90年代初。我自1993年致函受难人互助会，请求该会帮助寻找我们的父亲刘光典的遗体，并接到该会回复，告知暂时没有任何线索，并表示将继续帮助寻找后，转眼又是十年时光匆匆逝去。在这之后十年的日子里，我们从没有放弃过寻找。无论是通过电话、信件，还是通过台湾方面来人，只要有机会，我们便要询问此事。在此期间，我听到蒋介石集团在当时处理被杀害的受难者遗体的种种说法。其一是将被杀者遗体埋在台北市南郊的六张犁，这里是一片乱坟岗，烈士遗体被拉到这里草草掩埋。据说，还有看管人员在掩埋处，立起一个个简单的木牌，上书被害者姓名。在20世纪90年代，人们发现了这些木牌，并逐步认出上面的名字，真是苍天有眼！长眠在这里的忠骨终于可以有人来祭奠，失散的亲人终于可以在这里相聚。经过约四十年苦苦的等待和思念，如今部分烈士的家人可以在清明或是亲人牺牲的日子里来这里献上哀思与怀念，尽管这里被发现的仅有千余人中的近两百名被害者。

另外还有一种说法是，被杀害的人员遗体被拉到火葬场火化，但骨灰存在何处，还是一个未解之谜。更令人发指的是，有些被杀害者的遗体被送到"国防部"军事医学院，供教学解剖用了，然后被灭尸或投入大海。如果是这后几种遭遇，那么根本就无法找到遗体。为此，我们日夜思念，企盼能够尽快得到有关父亲刘光典的遗体究竟在何处的消息。然而，日复一日，年复一年，我们始终没有得到任何消息。父亲啊，您现在究竟身处何方？您的儿女时刻在海峡对岸合十企盼，希望有朝一日能得到有关您的遗体的切实消息。

苍天不负有心人，这一天终于来到了！2003 年 4 月 20 日上午 9 时许，我突然接到受难人互助会的工作人员王锦松来自台北的电话，他有些激动地对我说："刘先生，令尊刘光典的骨灰已经找到。"我听到这一消息，感到非常震惊，连道谢都没有顾得上，立刻在电话中反问道："啊！真的吗？现在骨灰在哪里？怎样找到的？"

原来，自台湾岛岛内发起对蒋介石、蒋经国集团 50 年代白色恐怖的种种罪行声讨以来，经过台湾岛岛内各方人士几十年的抗争，为妥善处理遗留问题，台湾当局不仅设立了几百亿资金的赔偿基金会，对被害者及其家属进行金钱补偿，还有，为消除被害者及其家属的仇恨心理，台湾当局采取了多种措施。其中一项重要的措施，就是对当时最为著名和有影响力的两处场所，即台北市郊的马场町行刑场和六张犁墓地这两个曾是血腥沙场和掩埋忠魂的地方进行修缮：一个被修建为马场町纪念公园，另一个被修建为人民忠魂纪念公园。

六张犁墓地位于台北市东南，台湾人都知道，这里曾经埋葬了不少50年代白色恐怖时期被国民党、蒋介石集团杀害的烈士。然而，没人能说清究竟有多少忠烈被埋在这里。直到1993年5月28日，苗栗人曾梅兰，经过锲而不舍的努力，在六张犁的竹丛中找到了他的哥哥徐庆兰的掩埋地。他的哥哥徐庆兰由于反抗国民党的反动统治，于1950年被杀害。徐庆兰被杀害后，他的遗体不知被当局如何处理，更不知遗落何方。在白色恐怖时期，被害者家属根本不敢追问和寻找被害人的遗体。直到四十余年过去，曾梅兰才找到哥哥的埋葬地。不仅如此，经过大量的寻找工作及认真整理，在此地共清理出201座白色恐怖时期被国民党杀害后掩埋在此的牺牲者的姓名碑。至此，这被隐没了近半个世纪的见证地，终于重现天下。

六张犁墓地被发现后，立即引起全台湾各界的重视和强烈反响，特别是引起了一些社会知名人士、专家学者的重视。台湾大学历史系教授王晓波、台湾大学城乡所教授夏铸九、中原大学建筑系教授堀込宪二等人前来勘察，他们认为此地埋有在台湾发展重要历史时期牺牲的受难者，因而具有重大的历史保存价值。另一些学者则认为此地有重要的文化价值。在台湾当局决定修建六张犁纪念公园后，负责修建的部门对六张犁认真地进行了勘察、设计。他们发现原有的灵骨塔已经日久失修、破旧不堪，便决定重修此灵骨塔。此灵骨塔内存有半个多世纪以来普通百姓的数百个骨灰坛，但很多不知情的人并不了解，在此还存放了一批被国民党杀害的被派进台湾的中共人士的骨灰。

2003年春，台湾当局决定开始重修灵骨塔。但如何暂时处置塔内存放的骨灰，成为动工前要解决的一个问题。经各方协商，管理部门决定向社会发布一个通告，公布所有在存的骨灰名单，并阐明，有人认领的骨灰，请亲属暂时将骨灰领回保存；无人认领者由当局有关部门暂时妥善保存，待新灵骨塔修好后，再把所有骨灰重新安置到里面。名单公布后，立即引起社会各界关注。受难人互助会的工作人员，立即前往了解核实名单，很快便查出我们的父亲刘光典的名字在名单之中。王锦松等人立即找到贴着"刘光典"三个字，存放着父亲刘光典骨灰的一个浅黄色的带釉小骨灰坛。他们马上拍下照片，并将那个旧灵骨塔也同时拍了下来。然后，

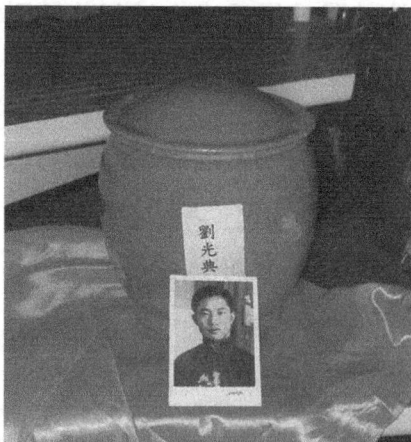

父亲的骨灰坛

他们将父亲刘光典的骨灰领取出来，安放在一个安全的地方保存好。随后在第一时间电话通知我，紧接着又将照片传真给我。

当我看到贴着楷书书写"刘光典"三个字名签的骨灰坛之后，百感交集。敬爱的父亲，我从照片上见过您高大的身躯、英俊的脸庞以及令人钦佩的气质。离开大陆时，您是满怀革命热情，义无反顾，为了台湾的早日解放、中国革命事业的全面胜利，毅然奔赴那充满危险的战场。那时我才一岁多，根本没有印象。而当我年近花甲时，得到的却是写有您名字的骨灰坛。在这个小小骨灰坛里，存放着一个正值壮年，充满了对革命胜利的企盼，深切地思念家乡和亲人，对党的事业无限忠诚、对蒋介石集团充满仇恨的英雄的骨灰！此时此刻，我相信父亲是以一个坚定的革命者的气概倒在了敌人的枪口下，又以一个无比忠诚的革命烈士的身躯，赴汤蹈火，完成了凤凰涅槃！就这样，一位高尚、完美、坚强的活生生的父亲，在蒋介石集团的罪恶行径下，化作了这一坛铮铮忠骨。

父亲啊，53 年的离别后，经过长年的苦苦寻觅，我们终于找到了您！虽然您已化作一坛骨灰，但您的精神仍在激励着我们，我们子女对您的思念一刻也不曾停止，您与我们的亲情更加深厚！敬爱的父亲啊，今天，我们终于找到了您！现在，您暂且安息在台湾岛上，我们一定会找机会把您接回大陆、接回家。我们子子孙孙要让您的美德永世相传，让您的英名永垂不朽！

找到父亲骨灰的这一年，我还得到了一份《戒严时期不当叛乱暨匪谍审判案件受难者墓区整建工程讷骨塔骨罐迁移名册》，上有共计 615 名遇难者，父亲刘光典的编号为427 号。在这份名单中大部分都填有 "姓名不详" 的字样，其中不少来自军事医学院。这些被杀害的烈士被送到那里做教学解剖后，再被火化，连姓名也没有留下。而父亲的骨灰总算被保留了下来，比起那些找不到任何资料与线索的无名英雄的家属，我们算是幸运的。

四、爸爸原来是英雄

1. 掘地为穴藏四载

　　父亲刘光典的骨灰终于在 2003 年被台湾的朋友们找到，不久传来消息说，六张犁纪念公园已经修完，一座新的骨灰存放处也已修好，父亲刘光典的骨灰已被重新安放在里面，我们作为子女的心情稍稍安稳下来。但是，父亲的情况仍然没有全部搞清，有些问题仍有待继续调查，他的骨灰仍然没有被接回家。

　　自从自相关部门得到《安全局机密文件——历年办理匪案汇编》及其他相关材料后，他们根据相应资料进行了调查并为我的父亲做了政治结论，办理了追认我的父亲为革命烈士的手续。以后，在我们要求台湾方面给予补偿及行政诉讼中，又得到了台湾有关组织及行政部门的关于认定父亲刘光典为"匪谍"的调查结论及一系列证据，这使得父亲刘光典的中共地下党党员身份已确定无疑。我们也从《安全局机密文件——历年办理匪案汇编》一书中，查到了有关

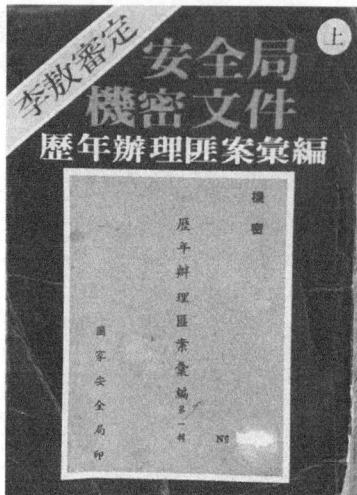

李敖先生审定的《安全局机密文件——历年办理匪案汇编》书影

父亲刘光典的案情。但是，父亲在台湾的"匪谍"活动具体有哪些？那四年的生活又是怎么度过的？对这些问题我们只掌握了一些细枝末节的信息，老一辈的亲属们有一些关于他的传说。对于详细揭开父亲在台湾的战斗及生活情况，我们还有很多事情要做，我们要走的路还很长。

时间到了2008年9月9日晚，我的儿子刘新宇在网上搜索爷爷的有关信息，突然找到一个台湾的奇摩网站，打开后，网页上跳出一张紫红色小册子封面的图片。在封面正中，自上而下印有黑色楷书《一个匪谍逃亡的故事》，左下角印有"台湾省保安司令部编印　四十四年元月"的字样。右上角有毛笔写的"34"字样，但是我们并不知道这是什么编号。下面是印刷的楷体"密"字，右下角印有"第0910号"。不知为什么在编号上开了一个横杠。另外，网上还有一张画，画着一个中共"匪谍"在修改身份证的情景。

初看并不知道这个"匪谍"是谁，但下面的一段引文，却让我们大吃一惊。引文为："刘光典是一名匪谍，他是匪中央政治局派台地工负责人洪国式的交通员，担负香港和台湾的交通联络。"看到这段文字，我觉得心跳加速了，我不禁睁大了眼睛，呼吸变得急促起来。这难道是真的吗？

再往下看，是一行说明，表明此件正在网站上拍卖，定价新台币500元。我几乎跳了起来，这是一本专门用文字及图画描述我的父亲刘光典在台湾进行革命活动的极其珍贵的原始资料。真是冥冥之中，自有天佑，机不可失，失不再来！必须在第一时间设法得到这本小册子。我立即起身给在台北的王锦松先生打电话，托他不惜一切代价，无论如何也要把此件珍贵资料为我买下。

电话打过后，我坐卧不安，茶饭无味，焦急地等待着台湾的消息。我后悔没有早些发现这本小册子，虽然我没有看到详情，但我知道，这不是一般的收藏品，也不是简单的读本，更不是一件平常的印刷物，这可称得上是一件十分难得的文物。它是父亲十年生活的悲壮之歌，记载了父亲刘光典四载掘地为穴的艰难生活，反映了一个无比坚强的革命战士忠贞不渝的精神，体现了父亲与台湾同胞同生死、共患难的战斗友情，其价值是无法用金钱衡量的！我忐忑不安地等候着，心中暗暗企盼，小册子千万不要被别人捷足先登，如果落在他人手中，那将是我们的终生遗憾！

王锦松接到我的电话，一分钟也没耽搁，立即与卖家联系，很快便以500元新台币买下，并随即把它拿到手，又立即打电话告诉我，小册子已经到手。我接到电话，得知小册子已经买到，真是百感交集，激动之情难以言表。

能够得到这本小册子真是一个奇迹，首先，从这本小册子上的 0910 号推断，当时可能只印了 1000 本。这 1000 本小册子，是在父亲被捕不到一年后编印的。印完后肯定很快发到各个部门从事反共活动的国民党军、警、宪、特人员手中，还有一部分发到台湾相关办事机构，因此从绝对数量讲是不多的。其次，一般纸质印刷物，如果没有保护措施，在自然环境中放置四五十年就会损坏，但此本小册子却基本完好。还有，令人惊奇的是，反映父亲刘光典在台湾从事中共隐蔽战线工作的小小印刷物，竟然是父亲刘光典的亲孙子刘新宇于近 60 年后，通过互联网发现，这能不让人感到惊奇吗？最后，这本小册子从刘新宇在网上被发现，到被王锦松获得，仅用了三天时间，这能不叫人拍案称奇吗？

最让我感到惊奇的是，2008 年八九月间，我已开始着手撰写有关父亲刘光典革命一生的小说，当时收集到部分资料，这些资料包括父亲刘光典参加革命的时间、部分革命活动、被捕时间、牺牲时间等。虽然情况可能有些误差，但对父亲在台湾的革命活动及相关情况已有相当了解。然而，对父亲在山中掘地为穴，数年逃亡的详情却知之甚少，这给我的写作带来了一定困难。但如今却有这样一本如此详尽的资料从天而降，真让我既感到高兴又十分惊奇。

然而，到此时为止，小册子还没有到手，我的心里仍然不踏实，因而十分焦急地盼望它能尽快到我手中。9 月 30 日晚，我终于见到了来自台北的王锦松先生。一见面，他立即把这本小册子交到我手中。我拿着这本朝思暮想的小册子，顾不得道谢，便仔细翻看起来。

这是一本长 17 厘米，宽 10.5 厘米，用紫红色彩纸做封面，连同封面、封底共 16 页的小册子。打开封面，里面是用楷体字、竖排印刷的文字内容。小册子题目用大字体印着《一个匪谍逃亡的故事》。

照道理，没有人愿意藏匿逃亡的匪谍，因为任何人都知道匪谍是叛徒，是危害国家安全破坏社会秩序扰乱正常生活的危险分子。而且，照道理，也没有人敢于藏匿逃亡的匪谍，因为任何人都知道：包庇或藏匿叛徒，依照法律，要受"死刑"或"无期徒刑"或"十年以上有期徒刑"的处罚。但是事实上若干逃亡的匪谍，仍然有人包庇他，藏匿他！究竟是谁愿意包庇匪谍？敢于包庇匪谍？下面一篇实录，可以解答这个疑问。

第一页到此结束，至此，我虽然知道这个"匪谍"指的是我敬爱的父亲，但上面没有文字指明是谁。

接着，我翻过此页，在第二页上，立刻看到了如下文字：

刘光典是一个匪谍。他是匪中央政治局派台地工负责人洪国式的交通员，担负香港和台湾的交通联络。

接着，小册子这样叙述道：

他虽然是生长在旅顺的一个异乡人，在本省可以说是人生地疏，语言隔阂。但这并不妨碍他的逃亡和隐匿。他自民国三十九年三月二日案发逃亡以后，一直到四十三年二月十三日，才因获案结束了长期的逃亡生活。真是一段悠长的时间。三年又十一个月。他匿藏在哪里呢？请看刘匪逃亡经过的自述：

（一）民国三十九年三月一日，于基隆遇王老太太，得悉洪国式被捕后开始逃亡。

（二）当夜九点左右返台北，即与王耀东联系，会晤于后车站。当告知洪被捕事，至一面食馆，将文件转交王耀东后，一道赴一浆汁馆，嘱王将文件收藏后，去天星旅社探视有无动静。半刻后，王返浆汁馆，知无警戒即与王一同去天星旅社（王没有进内）取出情报文件原稿，全部行李，乘三轮车离旅社下车等王耀东，因未见王耀东进来，无奈嘱车夫到万华车站，本拟将行李寄存车站，未果，因已下班即转赴公论报社，因时间已晚，问王耀东往何处，值夜亦不知。遂离报社。此时已不愿投宿旅社，遂说动三轮车夫黄某，赴伊家借宿一宵。天明后，秘密烧掉文件原稿及洪国式之一部分照片后，再至公论报社。

文字印刷至此，到了小册子的第三页。在第三页印有一题为《在台北市留宿三轮车夫家》的插图。图画上有两个人，站在一件简陋的房间里的桌子旁。其中一个人身穿花格外衣，打着领带，下穿西裤，脚上穿着皮鞋，手中提着一个小皮箱，此人显然是父亲刘光典了。而另一个男人身穿粗布衣，挽着裤腿，这人便是车夫。图中父亲刘光典正与车夫说："喂！今晚睡在您这里，多给钱，可以么？"车夫回答："怎么不可以，尽管住下吧！"

这是我自一岁多时，父亲离我们而去，时隔59年后第一次，也是我有了记忆后第一次通过敌人的手，看到了敬爱的父亲的形象。尽管这是一幅漫画式的插图，敌人绝不会美化父亲，但从图中可以看到父亲的衣着言谈都十分得体，即使在形势突变，环境十分严峻与危险的情况下，父亲也没有一丝的慌乱，反而表现得临危不惧、十分沉稳，这使我对父亲的敬仰油然而生。另外，父亲此时面临着随时可能被敌人抓捕的危险，我对他的处境满怀担忧。特别是读到"因未见王耀东进来，无奈嘱车夫到万华车站，本拟将行李寄存车站，未果，因已下班即转赴公论报社，因时间已晚，问王耀东往何处，值夜亦不知。遂离报社。此时已不愿投宿旅社，遂说动三轮车夫黄某，赴伊家借宿一宵"，可体会到此时父亲与组织、战友失去联系，隔着茫茫大海，身陷险境，孤立无援的处境，心中不禁对父亲又同情又心疼！因而读到这里，我的心跳都有些不正常，神情也有些慌乱。

（三）与王耀东会晤后，共同赴车夫家将行李取出，并将前二日存台北车站之行李一并交王耀东，当与之计划逃亡之策。当时接受王耀东之意见搭车至彰化等候，至夜晚七时，王耀东来彰化会晤于车站月台（事先与王约好），即一起乘车南下，此时我身上有黄金一块二两半，系借刘天民之太太者，台币二十元，港币十元，后来给王耀东。

在这一页的下面四分之三页面上，有一幅题为《夜宿善化王匪耀东的熟人家，改变身份证的姓名》的插图。图画上的父亲刘光典正在修改身份证上的名字。画中的父亲在一间安放着一张竹床的屋子里，坐在桌子旁的电灯下，右手握一支笔正在修改身份证上的名字，桌子上放着一把手术刀及书写用具。

（四）当夜至善化借宿王耀东之熟人处一夜。此夜将刘光典之身份证一枚改为罗辅基。翌日再至台南市先去王耀东之亲戚一银匠处休息。当夜起，宿华文印刷所工人宿舍共五六天，白天在图书馆与王耀东见面。

在此文字下，又有一幅插图，题目是《探知户口突击检查消息告知刘匪他迁》。画面上一个人在说："快来检查了，赶快去吧"。画面上另一人即是父亲刘光典，只见父亲在床上一边收拾行李，一边口中说着："妈的，幸亏知道得早一点现在就可以去了！"看到敌人这样贬低父亲，我觉得真是又可气又可笑。

（五）到赖正亮家是在台南市时与王耀东所筹划，离台南时到赖家，是由王耀东伴随至番子田站，赖正亮事先得王耀东之通知相迎于番子田车站，随与赖正亮至伊家。王耀东返台南。

看到这里，我不由地对父亲的战友王耀东同志产生了极为深厚的感激之情，同时对他倍加敬仰。因为我回想起在李敖先生出版的《安全局机密文件——历年办理匪案汇编》里，关于王耀东和父亲案件有如下记载：

> 三十九年二月刘匪再度来台，传达匪方指示，促其赴港。旋因洪匪国式被捕，刘匪身份暴露，即由其掩护刘匪逃亡。并代刘匪保管洪匪情报。

这里非常清楚地道出了父亲刘光典第二次到台湾的任务之一，即是转告上级指示，催促王耀东返回香港。特别是在洪国式刚刚被捕的第二天，虽然国民党军队加强了对海港、码头的封锁，但是如果想办法，王耀东还是有时间和机会返回香港的。

然而，为了掩护来自大陆的战友，王耀东舍弃了个人逃离险境的机会，毅然留在敌人的心脏里，为保护战友刘光典，应对突发事件，舍生忘死地投入到新的战斗之中。

现在设想一下当时的情形，父亲在得知自己的亲密战友洪国式被捕的消息后，他的心情肯定是既难过又沉重，同时感到情势的危急与紧迫。他要尽快采取紧急措施，完成很多善后工作。

首先，他要保护好自己，不使自己陷入国民党特务们的魔掌；其次，他要向组织和同志们报警，力保组织和同志们的安全；最后，他要处理、保护好战友们冒着生命危险收集到的相关文件资料与情报，以便今后在解放台湾的战斗中发挥重要作用。这一切，都要求父亲在极其危险的环境中，在极快的速度中完成。

然而，父亲此时已经与组织失去联系，并且孤身一人。虽然这是他第二次来台湾，但仍是人生地不熟，此时此刻处于何等艰难困苦与孤立无援之中，恰如一叶孤帆，漂泊于风浪之中。此时，父亲是多么需要有人出来保护他；多么希望有人助他一臂之力；多么需要有一个战友、同志与他相伴！恰恰就在此时，王耀东出现在他眼前。两个战友从此共处患难之中，共同商议克敌之策，共同采取善后之举，共同渡过那充满危险的艰难时期。

与此同时，也正因为有了王耀东的细心呵护及精心安排，父亲才顺利渡过形势突变的最初的难关，躲过了被敌人抓捕的危险，继而采取措施，及时处理了相关文件。在王耀东的安排与关心、呵护下，父亲躲过了敌人的追捕，暂时处于安全环境之中。

（六）在赖正亮家住至三月末始离开，因三十九年四月一日，有全省突击大检查，而赖家惧怕，不敢继续留宿。

这反映了台湾籍共产党员王耀东在情况突变时，为了营救父亲所采取的一系列应急措施，把父亲安置在台南山中的可靠的山民家中。但是，危险不断袭来，王耀东在躲避敌人抓捕的同时，还要时时处处为战友刘光典担忧，在形势不断变化中，随时为战友刘光典安排好安身之处。

（七）在赖正亮家时，赖正亮正承包台糖收割甘蔗，每日有时相随至甘蔗田，夜晚与其弟宿赖家之拴牛屋独间内。

（八）在赖家时曾托赖正亮觅走私船，未果。赖正亮曾说过去他认为可能是一共匪者，并有时找他因为他对走私船有办法，待此人再来时代我进行走私船，但后来赖正亮说该人再也没有来找他，故而走私船没办成。

以上记述表明，父亲在进入山中后，得到过一些台胞的救济和帮助。短暂停留后，曾经设法尽快离开台湾，乘船返回香港，虽然台湾同胞想了不少办法，但却没能返回。

（九）在赖家只去新营一次外，没有离开过赖家。

（十）离赖家到胡苍霖家（南化国校）是由王耀东事先安排好，由赖正亮领去，到胡家是星期天。当天胡叫来李显章、钟茂春与我认识后，当夜由李显章、钟茂春领到李显玉处。

在下一页的最上面印有一幅画，题为《贪图小利收容逃匪》。在台湾山区的一个小院落，即李显玉家。一间草房，用木杆捆成的篱笆墙，院内有一个猪圈。地面上堆放着几捆山柴。画里共有三个人，其中一位是李显玉的母亲，同封建社会的妇女一样，裹着小脚。另外一人是父亲刘光典，他仍穿着皮鞋、西裤，正在把一些钱交给李显玉，并说道："这里一点菜金，请收下。"李显玉说："太客气了，破屋子恐怕住不舒服哩！"

（十一）李显玉与其母在南化北一小山坡上住一破寮里养猪打柴。住显玉处给显玉五十元充菜金。

（十二）访胡苍霖是为托他进行走私船。后来嘱李显章转告胡苍霖。

（十三）住李显玉处曾离开两次。第一次四月中旬，到赖家给赖正亮三十元充路费，嘱他去台北找王耀东。第二次四月二十几号，由张自立之妻告知其父已被捕。找胡玉麟本打算托他设法觅一址逃亡，原因是在李显玉处每天无事做，想到不是久计。

（十四）由嘉义当天返赖正亮处，当夜会晤王耀东，嘱王继续进行走私船并早日赴香港，如无要事，不必到南化找我，翌日即返显玉处。

（十五）在显玉处时，见过显玉之友人杨林。可能是杨林对显玉说过，他姊夫之同乡有充船员者有时来高雄，我知道后，一天杨林来显玉处一起打柴，我托杨林问他姊夫之同乡是否仍有来高雄，我本拟进行如可能搭船离台湾，此问题后来无要领。

由此处记叙可见，王耀东处处为父亲刘光典的安危日夜操劳，而父亲仍记着上级组织交代的任务，时时提醒王耀东尽快返回香港。同时，为了避免出现意外，父亲宁可自己忍受孤独，劝王耀东尽量减少出行，以便有机会安全返回香港。另外，父亲在逃亡初期，心情急切，因而冒着极大风险，或托人或自己亲自找朋友寻找船只，想方设法尽快逃离台湾。但由于敌人封锁严密，根本无法找到船只逃出台湾。

（十六）杨林同李显章拟印假钞票，曾由显章借王连福旧台币四千四百万元（合新台币一千一百元）充资，后来好像被他人将资本骗光。住王连福家时，王老头常讲此问题，颇不满显章骗取此款。杨林等人拟印假钞票事，胡苍霖亦知悉。

（十七）我离开显玉处是五月一日晨（前一日夜晚举行全省突击大检查）。宿显章家之楼上五天。此时嘱显章找钟茂春设法说服他之生父王连福，是否可以允许我前往。至五月五日，钟茂春、鄂荣润二人来显章家，前晚由他二人领到王连福家。在显章家时，显章告诉我，胡苍霖曾让他不要管我，胡也不愿再见我。

（十八）住王连福家每天白天藏在树林里，夜晚同王新德同宿一个房间，午饭由新德之弟胜仔送至树林里。

在此处上画有一张插图，题为《老农无知　引狼入室》。画的是李显章正对王连福老人讲："这位就是昨天说的那位朋友，将来对我们有好处。"王连福老人听后说："啊，真的吗？不碍事吗？好吧，你们总不会错的呐，那么就请他住下来吧！"看到以上内容，我感触良多。第一，父亲刘光典在形势突变的恶劣环境下，机智、勇敢、沉着地应对危险，顺利渡过了第一关。第二，以王耀东及李显玉、李显章为代表的台湾同胞，善良朴实，冒险掩护父亲，显现出台湾同胞的善良朴实美德。第三，父亲在人生地不熟的情况下，躲过敌人追捕后，食宿艰苦，整日宿牛棚、藏山林，但他毫不动摇，坚持斗争，并随时准备返回大陆。这使我看到了一个真正的斗士硬汉形象。当时不少台胞对父亲比较同情，但也有个别人对父亲态度不友好，甚至持抵制态度。胡苍霖就是其中最典型的例子。

（十九）在王连福家住到十月一日离开，不能在显玉处继续住。据显章说杨林与显玉酒后打架，杨林泄露显玉处有一不明身份人经过，有驻南××××处人员××听到，而显章怕该人报告，后来显章对我说，曾对该人××说我是毛匪亲自派台湾者。

在此处有一张插图，共画有四个人，画中的父亲正对王连福等人说："不好了，我刚在山上躲避，碰到一个人，他很注意。"显玉听后说："是港仔，他知道你住在我家，这怎么办呢？"王连福接着说："真不好，还是赶快换一个地方吧！"这张插图反映出，王连福、李显玉等台胞对父亲的身份是清楚的，仍愿冒着杀身之祸保护父亲，并想方设法安排他的生活。但恶劣的环境也增加了他们的顾虑。

（二十）住王连福家时，曾给王老头数十元充菜金。

（二十一）离王连福家是因为一天在山上藏避时被同村港仔发现，而王家全家害怕。十月一日夜，由鄂荣润领至池仁致家。

（二十二）在池仁致家住到十月末给池仁致二十元钱，每天白天到池家后面一个小山藏避树林里，午饭由池仁致之弟柚仔送来。

此处又有一张插图，题为《建寮匿匪　欲罢不能》。画的是王连福等四人在山上为父亲刘光典修建窝棚，以便父亲在内躲藏。其中一个人坐在窝棚顶上说："真要命，我不想再干了！"另一个人一边干活，一边说道："不想干也得干，不盖起一个寮，在家里给抓去了，我们都完蛋！"图中还画有父亲与台湾同胞一起干活的形象。只见父亲光着上身，一边用锤子往木架上钉钉子，一边说："别嘀咕，为了我，也

父亲坚持斗争的小山洞，坐落于海拔1000米以上

为了你们自己，我看还是赶快盖起来吧！"

（二十三）离池家后住鄂荣润家，二十几天后，由池仁致介绍（钟茂春亦有帮助）到发仔之生父来丁富家，每月以四十元钱为生活费，住到四十年八月初，共九个月时间。

（二十四）在来丁富家里时，每天白天藏躲房后树林里，午饭有时到来家吃，有时由来老太太或其子送至树林里。

（二十五）住来家时，池仁致同发仔有时到来家看望我，有时亦给简单地谈谈共匪的"好处"，目的是企求来丁富继续留宿。

（二十六）民国四十年八月初再度到王连富家。王耀东返王连富家是同年九月中，由此时起，同王耀东一道每天藏在树林里。数日后，叫王家人帮助在树林里搭一草寮，每天食宿该寮，三餐由王家送来。

由以上记叙可见，从 1950 年 3 月 2 日到 1951 年 9 月间的一年零八个月的时间里，在王耀东的安排下，父亲躲过最初的危险时期，又只身一人四处躲避。他风餐露宿，与敌周旋，四处转移，规避风险。如果父亲刘光典没有坚定的革命信念、坚强的革命意志、百折不屈的革命毅力，他怎能经得起这份孤独？怎能克服这难以想象的颠簸？又怎能忍受得住这般苦难？这一切也证明，父亲凭着他超人的毅力和意志，凭着他对党和革命事业的忠诚，凭着他那非常人的素质，无论是在深山野林度过一个个白天，还是在荒山野岭的窝棚里熬过一个个夜晚，在极为特殊的环境中、在极为特殊的战场上，与国民党反动派做着极为特殊的艰苦卓绝的斗争，这一切绝对超出人们的想象。

情况表明，在台湾的旗山深处的艰难险阻中，父亲挺过来了。

此时，父亲的战友王耀东也来到了台南旗山，与父亲一起度过以后的一段极为艰苦的岁月。那么，为什么此时王耀东会来到山中与父亲会合呢？这要从《安全局机密文件——历年办理匪案汇编》里，有关王耀东和父亲案件的记叙中查找，这里有一段文字：其弟王耀勋因参加另一个组织被捕，恐受注意，即随同刘匪一起逃亡。这就是原因。

> （二十七）此时王耀东有钱，先是给王连福之四子珠子一百二十元，给我一百二十元。在王家时共先后搭三个地寮，和一个稻草堆，每个寮住到相当时间认为不安全时，即另行觅适当地点，搭盖地下寮匿居。

父亲刘光典、王耀东为了躲避国民党特务追捕，不断更换住处。所谓住处，其实就是在比较隐蔽的地方，在地面上挖个洞，洞口铺上茅草之类遮风挡雨防日晒。然而，即使是这样的藏身之处，父亲和王耀东也不能在同一隐藏处久留。这就是后来我看到的《安全局机密文件——历年办理匪案汇编》里状写"匿居山中、掘地为穴，以水果野菜充饥，过着长期类似原始人生活"的依据，可见王耀东和父亲当时过着非常人所能承受的苦难生活。

（二十八）同王耀东住在山寮里，王耀东曾被一女性看见过，该女人没有宣扬。我曾住显玉处事，由杨林泄露，据李显章、钟茂春后来表示，南化之乡长×××、南县县长议饭×××等人均知悉。

此处有一插图，标题是《贪图金戒指　种下大祸根》。画面上是王家的居住地，共有三个人，只见父亲刘光典对王老太太说："刚才我给那个女人撞见，请你赶快想办法不让她去告密。这个金箍子送给你戴吧！"王老太太接过金戒指说："啊！谢谢了，我一定想办法骗她一下。"画上还有一个女人向远处走去。

父亲和王耀东虽然隐匿深山，但仍然随时都会有被敌人发现的危险，要随时提高警惕，化解种种危险。

（二十九）住王连福家时给王家太太一点钱和戒指一只。我本主张把同王耀东二人所有之黄金全部三钱多给王家，但王耀东不以为然，只是到旧历年终由王耀东给王家孩子的压岁钱之名义二十元钱。

（三十）于四十一年末，开始与王耀东替王连福家做竹器。

（三十一）四十年八月中旬李显章、钟茂春二人逃至王连福家，每人住过一星期。李显章返南化后，一度拟自首，由我指使王耀东经钟茂春转给李显章二百元，并经钟茂春说服李显章打消自首之意。

此处插图画着父亲在一间屋子里，对旁边垂头丧气的李显章说："你千万不要去自首，否则我们大家要你的命！给你二百元怎么样！"只见李显章撑着头坐在桌子旁，桌子上还放着酒瓶、酒杯。他听到父亲刘光典说过后，回答道："咳咳！真可怕，我不知道该怎么办才好！那么我就不去自首了，咳……"

（三十二）李显章返南化前我给他黄金一块一钱余。离来丁福家时，借池仁致三十元。后来做竹器时，本拟由他代卖后还他，但是竹器销路不佳，一直没有清算。

从以上记叙中，可见父亲此时身上钱已不多，为了维持生活，他开始学习编制竹器，准备出售后挣钱生活。

（三十三）住来丁富家时鄂荣润借去黄金五钱八分。

（三十四）钟茂春吸收鄂荣润、池仁致是为了在当地易于照顾。

（三十五）逃亡期间阅读报纸住在王家时钟茂春、池仁致、发仔有时来看我们，当时均愿问我们时局问题，尤其"解放台湾问题"，大部分由我来解答。逃亡后期，有时返王家吃晚饭，饭后闲谈时，有时由王耀东对王家老夫妻谈时局问题，我则教王新德珠仔之子读书，有时亦和老夫妻谈谈时局问题。向王家谈时局问题，主要目的，是使他们有信心，留住我们。

以上记叙，反映出父亲刘光典远离革命组织，身陷虎穴龙潭，处处充满千难万险，但仍然不忘使命，处处宣传革命，坚守革命信念。特别值得提出的是，父亲此时是能够读到报纸的。国民党报纸上的消息除了疯狂镇压中共地下党，就是不断叫嚣让中共地下党党员投降自首。此时朝鲜战争已进行了两年，无论是国际还是国内形势，都十分险恶，短期解放台湾无望。这一切对于父亲刘光典来讲，从他的身份与经历，他对于时局的分析与判断都能认识到问题的严重性，但父亲没有丝毫的动摇。不仅如此，父亲刘光典与王耀东一起，还在台湾的深山密林中，在台湾的穷苦大众中进行革命的宣传工作。

（三十六）我同王耀东有时骗王家老夫妻，共匪来台湾后，给他们盖一所房子。

（三十七）到××派出所后，交出之化名身份证是在王连福家，秘密涂改者。曾嘱钟茂春窃取池仁致之身份证，本拟涂改备用，后来作罢，仍还池仁致。

在这本小册子的开头，记叙了父亲在逃亡之初，曾在王耀东的亲戚家中修改身份证。而当时父亲被捕时，使用的是在王连福家第二次修改过的身份证，可见父亲刘光典为了应对敌人的搜捕，曾先后两次修改身份证。小册子里记叙了父亲为了保护自己，还曾在身份证上采取过其他措施。可见当时的身份证在国民党统治下的台湾，有着极其重要的作用。

小册子第三部分罗列了曾帮助过父亲的许多仁人志士，称之为"包庇匪谍的两种人"，在我看来，实应大为赞扬。为表示我的敬意，特别摘记如下，以表其功绩：

（一）第一类型——作奸犯科的不肖分子，包括匪谍分子在内。如王耀东、赖正亮、胡苍霖、李显章、钟茂春、杨林、鄂荣润、池仁致等几个人就是属于这一类型，再把他们个别分析如左（下）：

王耀东：本省籍的匪谍分子，曾在大陆受匪训练，加入了匪党组织，并曾在匪总政治部工作。他是引导刘匪逃亡，并介绍各种社会关系掩蔽刘匪的主要人物。

赖正亮：本省籍，意识上同情匪党，可能也参加了匪谍组织。他的职业是承包收割台糖公司的甘蔗，但在言论上攻击该公司，自称是"台糖的走狗"，其思想的偏差程度可以概见。他是一个匿藏刘匪的人物。

胡苍霖：本省籍，身为国校教员，不但加入匪谍组织，而且参与了李显章、杨林二人的印假钞票的不法秘密。刘匪所以能由赖正亮家转移到李显玉家，完全是胡匪介绍的结果。

李显章：本省籍，意识上接受匪党的欺骗宣传，行为上拟印假钞票骗取王连福的金钱，并介绍刘匪藏在李显玉家，他一度计划出来自首，但为了刘匪给予一点黄金和金钱，便打消自首的决心。

钟茂春：本省的匪谍，不但说服生父王连福收容刘匪，并吸收鄂荣润、池仁致加入匪谍组织，便利刘匪的藏匿。

鄂荣润：本省籍的匪谍，被钟茂春吸收，匿藏刘匪，并引导刘匪藏匿池仁致家。

杨林：本省籍无业游民，同李显章同谋计划印制假钞票，骗取王连福金钱，虽未藏匿刘匪，但曾有意代刘匪找走私船只，企图帮助偷渡出境。

池仁致：本省籍匪谍，被钟茂春吸收，藏匿刘匪。

其实，以上提及的台湾同胞中，除了李显章曾动摇过，其他多数人都是纯朴的、善良的农民。但也有告密者胡苍霖，由于他被捕后向敌人透露了父亲和王耀东的藏身之处，致使大量国民党军、警、宪、特搜山，王耀东和父亲最后陷入魔掌。

（二）第二类型——贪图小利的无知分子，如王连福、王新德、李显玉、发仔、来丁福等人属于这一类型。个别分析如左（下）：

王连福：一个无知的老农，收容刘匪在家藏匿历时两年多，并帮助搭盖草寮便利藏匿。他所以愿意包庇匪谍，只是因为接受了匪谍偶然给予的少量财物，并怂于匪谍的欺骗宣传，愚昧地相信共匪"来台湾时会给他们老夫妻盖一座房子"！

王新德：王连福的儿子，和刘匪同房住宿，接受匪的宣传，以为将来共匪"来台湾，大家有饭吃"！

李显玉：接受了刘匪五十元的菜金，藏匿在他家居住，一直到一年以后，方知道他是一个匪谍。

发仔：随同钟茂春、池仁致到王连福家晤见刘匪，接受匪谍的欺骗宣传，将刘匪引至生父来丁富家藏匿。

来丁富：藏匿刘匪在屋后树林里，供给饭食，接受匪谍的少量财富和欺骗，继续予以留宿。

看到这段描述，我对王连福老人家深表谢意。他老人家竟然在如此危险的时期，冒着生命危险，保护父亲长达两年时间，如果没有善良慈祥的王连福老人的义举，父亲恐怕早就不在人间了。从此点就可以说，王连福老人是父亲的救命恩人。当然，应该深深感谢的还有李显玉、池仁致、三轮车车夫等一大批台湾的父老乡亲，作为一个曾在台湾生活、战斗过十年的革命烈士刘光典的后代，我们会世世代代牢记王连福老人及台湾父老乡亲们的大恩大德的！

书中有一幅题为《刘匪光典逃匿地区要图》的示意图。图中用红色印料画出一条父亲从基隆开始逃亡、一直到被捕的路线图。在最开始，标有"开始逃亡"字样，然后依次标有"39.3.1"日期，再下面是经台北、竹南、苗粟、丰原、台中市、彰化市、二水、六斗、嘉义、新营、南化、新市，到达台南市的日期为"39.3.2。"再下面是父亲逃亡到岗山、高雄市的路线。同时标有父亲刘光典从台南市到新市，再到番子田，从番子田到南化再到司马寮，最后在港坪被捕的完整路线图。

在这张路线图的右下角，详尽地标出了父亲刘光典得到台湾同胞李显玉、李显章、王连福、池仁致、鄂荣润、来丁福保护的时间和地点。最后标出父亲被捕的时间，1954 年 2 月 13 日。

在此路线图的左下角，有一个黑框，框内写有如下文字：

附记：

一、逃匪刘光典旅顺市韭菜村人现年三十四岁旅顺公学堂毕业担任匪中央政治局派台地工组织的交通员逃亡三年又十一个月现已获案。

二、王连福、池仁致、鄂荣润、来丁福均在司马寮附近。

三、刘匪匿藏南市赖正亮及司马寮李显玉家时先后曾去新营、嘉义各一次当天即返回故未列入。

以上这份父亲躲避国民党追捕的路线图，可以反映出众多问题，也为我们研究我父亲当时与国民党斗争的情形，提供了许多有价值的参考依据，更为我们提供了当年国民党反动集团统治台湾，实行白色恐怖时台湾地区社会、政治、经济、军事、自然、人文等多方面的情况。

这本小册子的发现与获得，对我寻找并记录父亲起到了如下作用：

（1）小册子真实记录了父亲刘光典自 1950 年 3 月 1 日

至 1954 年 2 月 13 日仅差半个月达 4 年、1400 多个日日夜夜，坚持在台南旗山深山的斗争实况。它证实了父亲刘光典是一名无比坚定的无产阶级革命者，是一名无产阶级的忠诚战士，是一个勇于战胜各种困难、不屈不挠的革命英雄。

（2）小册子的印制，证明了国民党反动集团对父亲这一案件十分重视，将其视为当时的重大案件。据我所知，在白色恐怖时期，国民党反动集团破获了数千起案件，抓获了包括中共台湾省工委书记蔡孝乾及为数众多的中共情报机构及派台党组织工作者，但是至今尚未发现国民党反动集团就其他案件单独印刷成册，可见此案在他们心中的分量。

（3）国民党反动派在此册中的文字叙述，除了就父亲刘光典的情况做了详细论述及分析外，还认真分析、研究了有关如何对中共地下工作者进行防范的相关问题。

其实，在父亲被捕之前，国民党特务分子已经对曾经掩护过父亲的台湾同胞及当地共产党人进行了残酷镇压与迫害。在《安全局机密文件——历年办理匪案汇编》里，有《匪台湾省工委会台大法学院支部叶城松等叛乱案》一文，国民党特务分子于 1954 年 2 月 8 日共抓捕了叶城松（死刑）、张璧坤（死刑）、胡苍霖（死刑）、赖正亮（死刑）、吴玉成（死刑）、蔡耀景（无期徒刑）、李显章（刑十年）、钟茂春（刑十年）、池仁致（刑十年）、李显玉（刑十年）、王新德（刑十年）、黄德（刑十年）、黄顶（刑七年）、叶青松（刑五年）、吴长流（刑二年）等人。其中死刑执行日期是 1955 年 4 月 29 日。

在汇编本的案情摘要中，我见过这样一段记载：叶城松于 1947 年 10 月间，由奸匪李登辉介绍加入匪帮，受杨匪廷椅领导，担任台大法学院支部书记。（作者注：这里所提李登辉即后来成为台湾地区领导人的那个李登辉）1949 年 10 月间，其同党分子林荣勋、詹昭光等在高雄被捕，即畏惧潜逃。

在此案记叙中，我还先后看到了提及当时在台湾的重要共产党人李水井、徐懋得的内容。反映出此组织是一个在台湾比较重要和有影响力的中国共产党基层党组织。

该案还牵扯到王耀东的弟弟王耀勋，我记得案件中有这样一段描述：胡苍霖、赖正亮、吴玉成等系三十九年间由王匪耀勋介绍加入。由组织移交叶匪城松领导。胡赖二匪并曾掩护另案奸匪王耀东、刘光典二人逃亡。

同时在案件中，我也看到了这样的记载：本案主办单位能集中资料，缜密研办，并争取实效，说服×××坦白交出其组织关系，得以在短时间内，扩大破获。不但使多年潜伏之匪要叶城松落网，且能循线缉获奸匪东北局派遣潜台之逃匪王耀东等。

在此案备考中注有：王耀东、刘光典等匪，因组织不同，另案研析。

至此，通过《一个匪谍逃亡的故事》这本小册子，及《安全局机密文件——历年办理匪案汇编》，从国民党特务分子口中，非常清楚地说出了父亲刘光典在台南旗山深山躲避国民党特务追捕这四年惊心动魄的情况。父亲是如何被捕的情况大白于天下。

2. 陷虎穴牢狱五载

至此，父亲刘光典肩负重任，奔赴台湾执行革命任务的更详细情况还没搞清；父亲在台湾长达十年的革命活动、生活情景、被捕后如何被杀害、他的遗体的处理详情等谜团还没有被揭开。因此，我必须进一步调查有关详情。

2008年秋，我有机会见到了台湾的一些友人。多年以来，他们对我们有很多帮助。通过他们，我们也了解了一些有关父亲及其他有关20世纪50年代，国民党反动集团在台湾执行白色恐怖，杀害中共地下工作者，镇压台湾进步人士的情况。这一次见到他们，我提出，希望能够向我们提供有关父亲的更为详尽的情况。我对他们讲，2009年是中华人民共和国成立60周年，我的父亲刘光典自离开大陆到台湾执行任务60周年，也是他为了台湾的解放、祖国的统一而献出生命，在台湾流血牺牲50周年。为此，我准备为父亲著书，记载下父亲及当时牺牲在台湾的先烈们的英雄事迹，让后代永远不要忘记父亲及这些中国共产党隐蔽战线的英雄。

我表示，现在我们已经收集到了部分确凿的资料和证据，特别是"台湾财团法人戒严时期不当叛乱暨匪谍审判案件补偿基金会""台北行政法院""台北最高行政法院"提供的有关资料。但为了搞清历史真相并且为此段历史著书，我认为还缺乏更为详尽的资料和证据，希望能够得到更大的帮助。台湾友人表示一定会全力帮助。

不久，我接到一个电话，对方讲，他们是受台湾友人之托，有些资料要让我看。我立即来到他们住的饭店，一共看到五份材料。

第一份材料是彭孟缉亲自写给蒋介石的报告，时间是1950年3月6日。报告事由是："呈报洪国式所供匪中央局决定攻台之原因及逃匪刘光典缉捕情形乞鉴核。"

报告的第一部分，是向蒋介石报告了洪国式来台湾前，从中共联络部钱自城那里了解到中共中央已经决定于1950年6月前后解放台湾的部署。原因在于，国内解放战争的关键战役已打了两年，各方面出现了困难，因而要尽早结束战争。同时，6月前后，台湾海峡风平浪静，有利于渡海作战。洪国式还讲到，他在台湾收集到的大量军事情报，已用淀粉密写在纸上交给了刘光典。

报告的第二部分是向蒋介石报告了如何试图抓捕父亲刘光典的情况。父亲刘光典到台湾后，多数时间住在台中市新北里存信巷六号刘天民家中。洪国式被捕当日及次日（作者注：2月28日、3月1日），父亲正好到台北办理返回香港的手续。在此期间他住在台北中央旅社及天星旅社。回想《一个匪谍的逃亡故事》中的记载，1950年3月1日，父亲在台北从王老太太处得知洪国式已被捕，立即采取了措施。与此同时洪国式没有向敌人透露父亲刘光典的住处，这使父亲得到宝贵的时间，在三轮车车夫家中住了一晚，第二天在王耀东的掩护下迅速南下，隐蔽到台湾南部深山之中。

当敌人得知父亲的住处后，立即扑向中央旅社和天星旅社，但父亲已在王耀东帮助下及时离开，敌人一无所获。国民党特务们立即逮捕了为父亲办理出境证的杨志石、陆家骥和胡秀英。又将中央旅社经理何添丁，职工刘彩莲、唐阿春抓捕。

另外，敌人在基隆、台南、高雄、台东等地实施突击检查。但父亲在王耀东等人的精心掩护下，躲过了敌人的追捕。

报告最后写道：但迄今仍没发现刘有离境迹象，尚在继续加紧追缉中。

该报告最后有彭孟缉签名盖章。

我仔细阅读着这份材料，这是我第一次看到来自台湾的书面材料，其真实性应该不容置疑。近60年过去了，没有必要伪造这样一份文件。看过后，我倒认为其中有些细节不一定全都可靠，但基本情况应该属实。

看过这份文件，我有如下感想：第一，由彭孟缉亲自上报给蒋介石，可见该案是一件非常重大的案件。特别是文中反映出蒋介石亲自过问此案，这就更证实了这一点。

第二，文件透露了当时洪国式的言行。凭他向敌人提供了中共解放台湾决议的形成及具体时间表这一如此重要的情况，可以理解当时中共方面确定洪国式已经叛变，这是不无根据和道理的。

第三，文件反映了当时收集到的情报内容及原始的传递方法。

第四，此文件还透露了当时敌人为了抓捕父亲所采取的措施。这点在《一个匪谍逃亡的故事》里有同样的叙述。

第五，文件反映了国民党特务的残暴行径。为了抓捕父亲，他们横行霸道，乱抓无辜。像何添丁这些百姓，被国民党特务分子抓捕，从此过着暗无天日的生活。

这份文件，也真实反映出了父亲刘光典在那千钧一发之时惊心动魄的脱身实况。

我看到的第二份材料，是《台湾警备总司令部判决书》，这是父亲于 1954 年 2 月被捕后，在被国民党反动集团关押近 5 年后，由"台湾警备总司令部"所谓的军事法庭对父亲进行审判后出具的一份判决书。在这件材料的开头记有：

47 审特字第二十九号

公诉人　军事检察官

被告　刘光典　男　年三十八岁　辽宁旅顺人　在台无固定住所业　华石公司职员　在押

指定辩护人　本部公设辩护人石澄清

被告因叛乱案件，经军事检察官提起公诉，本部判决如左（下）：主文　刘光典意图以非法之方法颠覆政府而着手实行，处死刑，褫夺公权终身，全部财产除酌留其家属必需生活费外没收。

这是我活到 60 岁后，第一次看到出自国民党反动集团的文字性关键物证。看完后我不禁怒火中烧。

接着，我看到了这件判决书上的所述事实：

刘光典于 1948 年 7 月在沈阳经洪国式介绍加入朱

毛匪党，为匪伪社会部传递情报。1949 年 9 月，与洪国式自华北分道转至香港，同年 10 月 25 日由香港来台，担任联络工作，通知潜台匪谍另案已决叛徒王耀东调查台湾西部沿海地志、海潮涨落与国军驻防情形，并将即得之资料整理备取；任务完成，即于同年 11 月 29 日返港复命，并携去王耀东搜集之秘密文件，转交高匪。

我终于从直接当事机构十分权威的文件中了解到了父亲去台湾执行任务的具体时间和具体任务了。

我还是第一次从敌人的判决书上的文字中，验证了父亲去台湾及返回香港的确切日期，即 1949 年 10 月 25 日到达台湾，11 月 27 日顺利返回。判决书同时第一次透露出，父亲机智地将国民党军队的第一手最新情报，包括国民党守军在台湾西部的驻防情况、海潮涨落、气象密码等安全带回。

与此同时，我第一次从这份国民党"国防部"的判决书中得知，父亲于 1948 年 7 月，在沈阳由洪国式介绍，加入中共社会部从事地下情报工作。这也为我们提供了我父亲正式参加中国共产党领导的中共社会部的时间。

后来，我又从另外地方了解到关于父亲参加中共社会部的时间。这是一份名单，上面记载了 1945 年到 1950 年大连中共社会部成员名单，父亲刘光典的名字列在名单之中。这将父亲参加革命的时间又提前了。（另据我得到的国内有关部门的档案材料证明，父亲刘光典 1947 年春已成为中共中社部大连情报处成员。）

以上事实也可以证明，父亲虽然参加中共东北社会部的时间并不算长，但是，在组织的培养下，在他的努力工作下，父亲很快成为一名十分优秀的中共地下交通员，并根据斗争需要，很快被调到中央情报部门工作，继而被委以重任，派到台湾执行更为艰巨、更为重要的任务。可以讲，那时从事地下工作的同志成千上万，选择什么样的人、什么样的人能胜任这一重担，那是要经过有关部门领导和同志十分认真、十分谨慎的分析、研究和严格选择的，这绝不是轻易能确定的。可以肯定，能选中父亲去完成这项任务，说明组织及相关同志对父亲的信任是非同一般的。

与此同时，我也从敌人的判决书中了解到，在当时的形势和条件下，我们进行情报工作的方式和手法还比较原始。父亲就是用这种十分原始与落后的方式，取回了第一批重要情报。这表明，在战争年代，党的情报工作首先是依靠了隐蔽战线战士们对革命事业的无限忠诚以及无私无畏的英勇献身精神。

接着判决书写道：

1950年元月6日，再度来台，除专嘱王匪耀东速去香港外，并协助潜台之洪匪国式搜集情报。遂洪匪国式于同年2月28日在台北被捕，乃将其所搜集之秘密情报文件，交于王匪耀东收藏，于同年3月2日与王匪耀东相率逃亡，先后匿藏于赖天亮等处，并继续为匪宣传，以至1954年2月13日在沟坪与王匪耀东一同获案等事实，以前在台湾省保安司令部侦察时，及本部审理中供认不讳，核与台湾省警务处 1954 年 2 月 25 日警刑正日字第一八七〇号呈及另案已决叛乱犯王耀东、赖天亮、李显玉、钟茂春等所供情节相符，并于王耀东住所搜获被告等搜集国军情报，且有洪匪国式亲启有关刘光典之日记及在台工作路线表暨该被告亲笔自传附卷，可资佐证。

父亲为了革命需要，曾先后两次奔赴台湾执行任务。第一次于 1949 年 11 月 29 日，自台湾取回第一批情报后，一直在香港待命。出于革命事业及中国人民解放军解放台湾战争的需要，他又于 1950 年 1 月 6 日，再次奔赴台湾。现在看来，中央原计划于 1950 年年中解放台湾，为了做到知己知彼，百战不殆，因而兵马未动，情报先行。在父亲第一次从台湾返回后，为了进一步取得更新、更全面、更重要的情报，中央情报部门又先期派出有着丰富经验的、更重要的地下工作者洪国式到台湾收集情报。在洪国式工作一段时间后，中央情报部门又派父亲刘光典，第二次冒着生命危险来到台湾。此次到台湾，父亲的具体任务是通知王耀东返回香港、协助洪国式收集新的情报，并取回收集到的新情报。父亲的另一任务是考察在台湾的中共地下工作者的状况，并部署下一阶段工作的新任务。

洪国式的确切被捕时间和地点是 1950 年 2 月 28 日在台北车站。

父亲刘光典确切的被捕时间和地点是 1954 年 2 月 13 日在台湾台南与高雄的交界处沟坪。

在这份判决书里，我还看到，父亲被捕时，曾机智地提出自己系自首，以便保存实力，以利再战。然而，万恶的国民党反动集团，对中共隐蔽战线战士、对父亲怀着极端的仇恨，他们非要致父亲刘光典于死地不可。这些蒋介石集团的鹰犬及爪牙，出自他们对中国共产党人的仇恨，认定父亲刘光典和王耀东是在高雄与台南交界的沟坪处，被国民党反动刑警抓获，不适于自首条文，因而将父亲判处死刑。

其实，这一点根本用不着敌人认定。父亲刘光典如果有自首的想法，早在几年前就自首了。在1950年前后那段时间，被捕的中共地下工作者，特别是蔡孝乾等领导成员背叛了革命。因而，这些叛徒得到了一时的荣华富贵，而多数中共地下党党员、地下工作者被捕后坚贞不屈，与敌人斗争到底，最后有的饮弹牺牲，多数被监禁关押。当时，国民党反动集团夜以继日地进行反动宣传，利用种种阴谋手段对中共地下工作者进行威逼利诱、策反招安。当时，台湾一名职工月薪约200台币，而检举一名"匪谍"的奖金高达20万台币。

1950年后，蒋介石、蒋经国集团为了保住他们的统治地位，在台湾颁布了一系列法令、法规和条例，包括《戡乱法》《戡乱时检肃匪谍联保连坐办法》《戡乱时期检索匪谍条例》《惩治叛乱条例》《台湾省戒严期间报纸杂志图书管理办法》《台湾地区戒严期间防止非法集会、罢工等规定实施办法》《台湾地区戒严时期新闻杂志图书管理办法》《动员戡乱时期新闻杂志图书管理办法》《动员戡乱时期国家安全会议组织纲要》《妨害国家动员惩罚暂行条例》等，达 100 多种，其目的是把台湾的中共及进步人士赶尽杀绝。

他们严禁民众结社、集会、游行、请愿罢工、罢市、罢课，禁止以文字标语，或其他方法散布非法言论。为了严格控制社会及居民，他们执行了住户要与周围三家施行连环保证的措施。不仅如此，还要求军、公、教人员做到二人以上连保。如果某人被定为不良分子，他的邻居、同事、同学、同工及亲戚，甚至其佣工，即要遭受株连。

为了防止中共进攻台湾，国民党军警在基隆、高雄两市实行宵禁，对违犯宵禁者一律处死；并且严禁百姓携带、藏匿武器弹药、刀具；要求居民无论家居、外出，还是务工、种地，必须携带身份证，否则一律拘留。为了抓捕共产党员及进步人士，国民党军、警、宪、特人员经常进行突击检查。从 1951 年 3 月到 7 月，仅台北一地，就进行过 398 次户口突检，每次均出动大批军、警、宪、特人员，其中最多的一次，拘留者达 1.2 万余人。

与此同时，台湾当局对出入台湾的人实行非常管制，外出探亲旅游一律被禁止。为了封锁大陆的消息，台湾当局强迫对拥有收音机的人进行登记。不仅如此，国民党从小学三年级开始，在学校的国语课本里，就开始对孩子宣传"共匪"如何可怕。

国民党丧心病狂地在台湾全岛推行震撼社会的检举匪谍运动，在连保制度下，被当局鼓励的告密大军，遍及社会的每个角落，连全岛所有的旅社、浴室、食堂、茶室等服务生，都予以训练。课目重中之重是保密防谍，不论是党务、政府、军队、生产、交通、企业、出入境、青年、学生、文化、民众的电讯通信等，无不笼罩在特务的阴影之下。当时的台湾岛岛内满是宣传口号，如，匪谍就在你身边！检举匪谍人人有责！知匪不报与匪同罪！宁使一家人哭，不可让一路人泣……

另外，在文化娱乐场所也不放过宣传抓匪谍，所有电影院在电影开始以前，银幕上都会赫然跳出几个大字：通匪者杀！为了制造白色恐怖气氛，各个车站、市场、公园等公共场所，隔三岔五地贴出白底红字布告，内容是近日被枪决的匪谍姓名、年岁、籍贯等。在报纸的新闻版上，经常出现豆腐干大小的方块：勾结奸匪、媚敌求荣的某人，昨晨伏法。就连幼稚园孩子排队走在街上，也唱着："同胞们大家要当心，打杀匪谍莫留情，不管他朋友与六亲，都要防范去打听。考察他言和行，有怀疑报宪警，大家共同来检举，一网打尽快人心……检举大匪谍，有功又有钱，奖金真正多，银元有六千。你不检举他，他要把你害，匪谍最可恨，检举莫留情。匪谍呀匪谍，藏不住呀逃不了，奉劝自首好。浪子回头金不换，大家都是中华好儿女，改过自新并不难，检举匪谍有功受赏，掩护匪谍有罪同当，挟仇诬告要不得，政府处理最公平！"

为了制造白色恐怖、镇压共产党，国民党制定了最为残暴的政策、法律，使用最为野蛮的手段对共产党进行镇压。对于这些情况及国民党反动集团的政策及手腕，父亲心知肚明。但父亲以他坚定的革命者的立场、坚强的革命意志、对中国革命事业的无比忠诚，坚决与敌斗争，从无丝毫动摇，一直战斗在最为艰苦的环境中。他还鼓励教育意志不坚定的同志，树立必胜的信心，进而把自己锻炼得更加坚强。

国民党军事法庭的判决书最后印有如下文字：

> 查被告刘光典参加匪党组织后，服从洪匪国式领导，在台在大陆先后从事叛乱活动其意图以非法之方法颠覆政府并着手实行之罪行，至为明确，按其所为，罪大恶极，依法应处死刑，褫夺公权终身；全部财产除酌留其家属必需之生活费用外没收，以昭炯戒。按上结论，应按军事审判法一百七十三条前段，惩治叛乱条例第十条后段，第一条第一项，第八条第一项，第十二条，刑法第三十七条第一项，判决如主文。

以上文字证实了父亲参加革命后，一直从事中国共产党领导下的隐蔽战线的斗争。直到最后被中央派到台湾，继续从事地下交通工作，后不幸被国民党刑警抓捕。父亲被捕后坚贞不屈，被国民党反动集团的军事法庭，依据国民党反动集团所制定的反共、反人民、反革命、反动的罪恶昭彰的所谓法律，判处死刑。从判决书的字里行间，我都感觉到了国民党反动集团对我父亲这位坚强的革命战士的深仇大恨，因而他们使用罪大恶极等极端字眼对我的父亲加以评判和处置。这也从另一方面证明了父亲刘光典的对革命事业无限忠诚、无私贡献并卓有功效的事实。

这份判决书的最后写道：

> 本案经军事检察官黄业水莅庭执行厅审
> 台湾警备总司令部审判庭

审判长范明　审判官张齐斌　审判官聂开国

如不服本判决，应于送达后十日，以文书提出于本部声请复判

书记官沙思奇

判决书后盖有"台湾省警备总司令部"关防长方形红色篆书印。从该判决书上的时间看，正式进行审判的时间是1958年10月14日，出具文字判决书为10月20日。

看过这份判决书，我进一步搞清了与父亲有关的数个关键问题。至于他被判死刑后是否不服而上诉我不得而知。父亲被"台湾省警备总司令部"一审判处死刑后又发生了什么事情，至此我尚未了解到。

接着，我又看到了第三份非常重要的资料。这是一份"国防部"判决书，编号为四十七年度覆高昭字第〇七九号。判决书开头记有：

被告刘光典　男　年三十八岁，辽宁旅顺市人，在台无固定住所，业华石公司职员。右（上）列被告因叛乱案件，经台湾警备司令部中华民国四十七年十月十四日初审判决，送请覆判，本部判决如左（下）：主文

原判决核准。

下有一红色方章，刻有"史文生章"四个字。

接着是判决理由，以下文字内容与上一份判决书一模一样。所不同处为：

四十三年二月十三日被警缉后，解经前台湾省保安司令部军事检察官侦察起诉等情，系与被告刘光典对于首开事实，在前台湾省保安司令部侦查时，及在台湾警备司令部审理中，均经供认不讳等文字。

判决书最后有如下文字：认事用法，均无违误，原判决应予核准。下面是时间"中华民国四十七年十一月十八日，国防部高等覆判处"。时间为1958年11月18日，在此时我发现判决书上对父亲的年龄记录有误，此时他的实际年龄尚不到37岁。下面列出"审判长刘志增，审判官晋传栋，审判官蒋湘浦，审判官沙辉，审判官李烈，书记官史文生"，时间是"1958年11月22日"。

看过以上判决书，我估计这是父亲在一审判决后不服上诉，国民党反动集团对父亲进行二审后的判决。在二审判决书中，我又进一步了解到国民党、蒋介石反动集团残酷镇压、杀害中国共产党人的暴行。同时也进一步了解到，父亲面对国民党反动军事法庭的审判，毫无惧色、不屈不挠的反抗精神。他毫无叛徒的软骨头及可耻嘴脸，他在用自己的有限生命，孤身一人，在敌人的虎穴龙潭中与相对强大的敌人抗争，在国民党反动集团的军事法庭上，与他们做着最后的斗争。

我又看到了第四份名为《国防部判决书》的文件。在第一页最上边印有"签呈"二字，并印有文件编号。右边纸中下方有"职　俞大维王叔铭谨呈　民国四十七年十一月二十七日"字样，在两个名字下盖有二人的红色印章。俞大维是当时的"国防部长"，印章为白文小方章；王叔铭时任"参谋总长",印章是朱文小方章。在右上角印有"事由"二字,下面是:"为谨将刘光典叛乱案件覆判情形检卷签请鉴核示遵　由　据台湾警备司令部四十七年十月三十日(四七)聪聆字第二二五号呈　以刘光典叛乱一案经依法判决以职权送请覆判到部。"

看到这里,我了解到:这件事是国民党反动集团对父亲进行第二次审判结束后,因为系"国防部"军事审判处判决,因而将判决意见报给"国防部"最高负责人,即"部长"与"参谋总长",经批准后,由其亲自拟文报给蒋介石本人的一份报告。

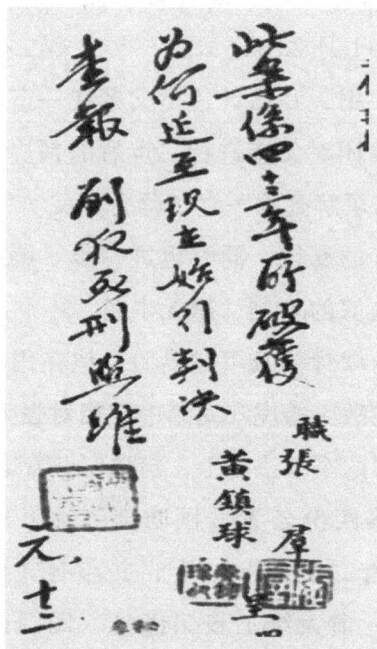

蒋介石亲手签令"死刑核准"

此报告的第二条为"本案被告刘光典于……"下面文字又与上面一份判决书内容重复一遍，如出一辙。接着是："所拟是否有当谨检附原卷刊暨复判判决签请　鉴核示遵谨呈　总统"。附呈原卷十宗原审暨复判判决各一份。

蒋介石于1958年12月13日，看过此件案宗后，竟然大笔一挥，写道：

特批示

此案系四十三年所破获，为何延至现在始行判决，查报。刘犯死刑照准。

蒋中正　元十三

行刑前的父亲

　　以上是我见到的蒋介石亲手签令，杀害父亲的第五份重要材料。

　　此份材料只是一张白纸，用毛笔书写，在右上角有一行字。最头行是"原件即判决呈"，再起一行（卷证存备调阅）下面为："一、据国防部呈报被告刘光典……"以下文字与其他几件基本一样，无非列举父亲的罪状。然后是"依法讯明属实按颠覆政府罪行判处死刑并饬执行"。"拟办被告刘光典一名犯情已据讯明属实恶性重大拟准照国防部所拟，判处死刑，并饬执行。"呈报人张群、黄镇球，时间是1958年12月2日。

　　下面一行红色文字"呈秘书长、参军长阅"。红字下面有三个人的阅后画押，时间是1959年1月14日。随着蒋介石的手令及这几个人的画押，父亲的命运就此也被确定。他的英雄的生命，也即将走到尽头。

　　说来也巧，这一天恰好是我十一周岁的生日。

　　从我懂事以来，到我看到这些文件的那一天为止，在我生活了60年之后，令我最为震撼与惊心的事情发生了，我看到了两张照片。一张是父亲被五花大绑，胸前挂着写有"刘光典"三个大字的牌子。父亲被一群头戴白色钢盔的国民党反动宪兵团团围住，只见父亲大义凛然，目光坚定，从容不迫。他微微向右歪着头，不屑地望着敌人的镜头，这是父亲被押赴刑场，行刑前的存档照片之一。亲爱的父亲啊，这就是您在台湾战斗了十年之后；是您奔波于台湾、大陆海峡两岸，为了祖国的统一而付出心血后；在台湾深山野壑、受苦受难达一千四百五十天之后；在国民党牢狱中被折磨、囚禁了约一千八百个日日夜夜后；在即将为解放台湾、祖国完整献出生命，即将为党和人民的事业流血牺牲时最后一刻的英雄形象！我从这张照片上看到了父亲那不屈不挠的铮铮铁骨，看到了那大无畏的精神，看到了他为革命赴汤蹈火、视死如归的形象，也切切实实体验到了他为解放台湾、祖国统一而英勇献身的无怨无悔的美德！而那些围住父亲的国民党宪兵，虽然头戴钢盔，但身高只及父亲的肩膀，这更反衬出父亲的高大伟岸，反映出国民党杀人凶犯的低矮渺小。

我过去在各种文学作品中读过众多感人的故事，也看过不少艺术作品，这些都在浓墨重彩地描写英雄的行为，表现这些英雄为了正义、为了理想而在献出生命之前的英勇而感

父亲遗照

人的神态；歌颂这些英雄的惊天地、泣鬼神的视死如归的精神。然而，一个活生生的形象出现在我的眼前。而这个人就是我的生身父亲。父亲虽然被五花大绑，但仍显得英俊无畏，什么是视死如归，看看这照片上父亲面对刽子手的神态就明白了；什么叫大义凛然，看看父亲临刑前的姿态就知道了。看到这里，我心如刀绞，父亲啊，您不愧为一个英雄！台湾十年的艰难，没有丝毫动摇您的革命信念；掘地为穴的类似原始人的生活，没有消磨掉您钢铁般的坚强意志；敌人的牢狱，没能摧残您坚忍不拔的革命精神！此张照片说明父亲没有给中国共产党丢脸，没有给中国共产党领导的隐蔽战线的战友丢脸！更没有给他的子孙后代带来耻辱，因为他在台湾长达近十年的艰苦岁月里，远离党组织、远离大陆，在敌人的咸逼利诱下，完全可以叛变投降，保住性命，那样会给我们带来耻辱！

我静静地微闭双眼，调整一下情绪。当我睁开双眼后，却看到了另一幅令我更为震撼的图片。我看到，已经牺牲了的父亲，仰面倒在地上，双目怒睁，他似乎仍在与敌人抗争，似乎在盼望中国人民解放军千帆竞发，一举解放台湾；他要看看蒋介石、国民党反动集团的可耻下场。这是一张万恶的国民党反动集团杀害父亲后的存档照片。此时的父亲，已为解放台湾而牺牲，他的宝贵生命已经结束，他的鲜血已经流尽。但是，父亲死不瞑目！他仰卧在祖国的宝岛上，此时，他的身下是被他的鲜血浸透的台湾土地，他的眼前是广阔的苍天。父亲在远望，他在远望祖国大陆，他要看看大陆的美好风光，他要看看大陆的战友，他要看看大陆的爱妻和可爱的子女。他在仰天盼望，盼望后来人会继承他的遗志，盼望后来人去完成他没有完成的任务！他在企盼，企盼台湾人民早日得到解放，台湾人民早日过上幸福生活。他在切望，切望祖国早日统一，新中国日益强盛……

万恶的刽子手的枪弹，已摧毁了父亲的肉体。但是，敌人可以摧毁、夺去父亲的肉体和生命，却永远不能摧毁父亲的精神和信念！父亲虽然已经离我们而去，但是，他永远活在我们的心里，永远活在中国人民的心里，他的英雄事迹永远不会被人们忘记！

父亲牺牲的确切时间是：公元 1959 年 2 月 4 日清晨。这一天是立春，离农历 1959 年春节还有 4 天，父亲为革命牺牲时享年 37 岁。

这是我看到的父亲的最后容貌，父亲那不屈的奔赴刑场并流血牺牲的最后的雄姿和遗容。两张照片上的父亲让我产生了无限的敬仰、爱戴、思念之情。我的心不断地震颤，不停地疼痛。父亲啊，您放心去吧，您没有完成的重任，有您的战友及后来人去完成，台湾一定会回到祖国的怀抱，我们伟大的祖国迟早会统一，我们可爱的祖国一定会日益强大。您的鲜血不会白流，您的生命不会白白失去！

到 2008 年秋，我见到了最能证明父亲刘光典是一名无名英雄的、来自当初国民党方面的最有证明力的五份材料。这五份材料，是为父亲盖棺定论的铁证。此时，我终于明白了，这是我曾经看到的《安全局机密文件——历年办理匪案汇编》中有关父亲的案情、"财团法人戒严时期不当叛乱暨匪谍审判案件补偿基金会""台北高等行政法院"等机构的有关材料的最原始、最直接的证据来源。

自父亲离开我们奔赴这一极危险、极特殊的战场，至我看到来自敌人方面的这些铁证为止，时间已过去了近一个甲子，父亲已经为革命献身50年。父亲离开我们的时候，我只有一岁半，那时我只是一个幼儿，因而对父亲没有任何印象。过去，我仅见到过几张父亲和母亲的结婚照，但是那时没有了解到他的英雄事迹，因而也未曾仔细观看、评价父亲年轻时的美德与相貌。为此，我从好不容易收集到的几张父亲年轻时的照片中，仔细观看了他的音容笑貌。

第一张是父亲十八九岁时的一张半身照。父亲身穿深色衬衣，外穿浅色西服。留着分头，长圆脸，五官端正、眉清目秀、潇洒英俊真可称之为美男子。父亲写得一手漂亮的钢笔字，照片上的"刘光典"三个字一气呵成，父亲巧妙地运用几个字的偏旁部首，洋洋数笔，熟练地创造出一个艺术签名。

我看到的第二张照片，也是父亲的一张半身侧面像。由于保管不太好，照片已有些发黄。照片上的父亲身穿深色毛呢子大衣，头戴礼帽，左手叉在大衣兜里。脸上现出刚毅的表情，坚定的双眼平视前方，显示着一股青春浩然气。

再看到的一张照片，是父亲与母亲的结婚照。据说是拍摄于通州的姥姥、姥爷家。父亲和母亲身穿中式服装紧靠在一起，可能是刚刚结婚的缘故，父亲更显年轻、精神。他那高大的身材和英俊的容颜，既具有东北大汉的体魄，又有成熟男性的美感，更显出一种脱俗的气质。

我真的觉得父亲在平凡中透着不平凡，在不平凡中凸显出英雄本色。他对中国共产党、对革命事业以及对人民的忠贞，他的勇气、他的意志和毅力、他的智慧是我一辈子也学不完的。

　　作为父亲的后代，我的血管里流着父亲的血液，我为有这样的英雄父亲而自豪、骄傲。今天，我不可能像父亲那样，再去从事他所未完成的特殊工作，但我要学习父亲的精神，要把他的英雄事迹昭示天下。我要让人们了解到，在60年前，曾经有一位英雄，像其他千万个英雄斗士一样，在祖国和革命事业需要的时候，离开已经解放了的城市和家乡，抛下娇妻弱子，再次义无反顾地奔赴龙潭虎穴，执行一项极危险、极特殊的任务；我要让人们知道，父亲在如此险恶的环境中，在革命形势突变后，逃进深山，过着非人的生活，但仍然坚信革命会成功而不动摇；我要让人们看到，父亲面对敌人的罪恶枪口，在生命即将结束时的视死如归的大无畏形象；我要让人们真切体验到，父亲在千难万险中孤身奋战，百折不挠，是如何坚守一名共产党人的理想信念的；我要让人们记住，父亲死不瞑目，永远鼓舞着人们为祖国统一大业而奋斗。

3. 揭机密真相大白

　　2008年秋，父亲已于1959年2月4日牺牲的确切消息被证实。我们把所了解到的真实情况向有关部门作了汇报。特别是当我汇报到，我们亲眼见到了父亲刘光典牺牲前后的照片后，有关方面对此十分重视，一再询问，所见照片真的就是我们的父亲刘光典本人吗？我回答，一点儿没错，父亲牺牲时37岁，照片上他的身高、相貌、神态与我们保留的照片几乎一模一样，只不过显得更为沉稳、老成。

过了几天，有关部门的同志找到我们，向我们揭开了一个被尘封了 50 多年的秘密，揭露了国民党反动集团极其阴险毒辣的阴谋诡计，揭穿了敌人的一个弥天大谎。

原来，父亲刘光典被捕以后，国民党特务机构认为父亲是中共中央情报机构派出的人员，可利用价值很高。按对父亲罪大恶极的结论，早应处死，但国民党反动集团没有立即将父亲处决。他们一方面将父亲投入牢狱关押，另一方面散布谣言，造谣说父亲刘光典已经"弃暗投明"。不仅如此，国民党特务机构还挑选了一个各方面都与父亲十分相像的特务分子，将其派往香港。在国民党特务机构和头目的精心策划下，一个非常传奇、悲壮、惨烈的故事发生在了我的家庭、我们的身边。于是，就有了一段扑朔迷离的近 60 年没有揭开的内幕，就有了真假两个刘光典。其中，我们的父亲，真的刘光典被关押在台湾牢狱中；假的国民党特务分子"刘光典"被派到香港，对新中国进行捣乱、破坏活动。

在当时的社会环境下，受各方面条件的限制，有关方面难以辨明"刘光典在港活动"这一消息的真伪，再加上有我方在港人员上报称的确看到刘光典在港参加反动组织集会，这使得国家安保部门不得不采取防范措施，防止"叛徒刘光典"回内地活动。

此时，我们全家已从钱粮胡同搬到北新桥王大人胡同观音寺 21 号，即现在的北新桥三条前永康一巷二号。当时，家中还有一个带着小男孩的二十几岁的保姆，照顾患风湿性心脏病的母亲。另外还为 11 岁的姐姐、9 岁的哥哥和 6 岁的我三个孩子做饭。那时，姐姐、哥哥在离家三站地的学校上学，我经常留在家中。但是到了1954年夏天，由于家中生活日渐困难，只好辞退保姆，只有我终日在家，陪伴着日渐病重的母亲，生活状况已大不如前。

原来家中尚有父亲留下的一些黄金、钱财。这些钱用不了，母亲买了不少公债券，压在褥子下面。另外，有人按月给家里送生活费，到过年过节时，总有叔叔、阿姨来家看望，还带来各种食品。但自从搬到北新桥以后，他们没有以前来得勤了。由于缺钱，公债券也兑成现金花光了，据说还丢失了不少。这一变化的内中原因，当时我们有所不知。其实，这正是国民党特务机构设下的阴谋诡计所致。父亲被捕以前，我们是革命家属，因而各方面都有人关心、照顾，生活无忧无虑。母亲虽然身体不太好，但毕竟有组织的照顾，精神上也能得到适当的安慰。父亲被捕后，由于怀疑他已叛变，一时又难以甄别，组织上对我们也不能继续像过去那样无微不至地照顾了。来家次数不如以前多了，生活费用也减少了，因此我们的生活水准明显下降。但我们那时还小，对于这一切，还没有太深的感受，也不觉得特别痛苦。

其实，当时我能感觉得到的只是皮毛，在背后还有很多我们不知道的事情。最重要的是，我们所住的这个小四合院，已成了公安部门24小时不间断监视的对象。按照公安部门制定的方案，为了抓住"叛徒刘光典"，公安部门在我们家四周安排了值班人员，日夜坚守。另外，对我们的其他亲戚也采取了相应的防范措施。

我记得非常清楚，在从东四钱粮胡同搬到北新桥之前，直到搬家后的 1954 年春，在我家中的床底下存放着一把日本军刀，那是父亲在东北老家任日伪警察时留下的。我记得曾看见过那十分漂亮的刀把和刀鞘，抽出之后锃光瓦亮的刀身。但在我们搬到北新桥不久，刀就被上交，原来这把刀一直放在家中平安无事，现在却上交了，其中原因也不得而知。以后，我们的生活逐步艰辛。后来慢慢长大，在学校上学时，小学加入少先队似乎没遇到阻力，但我们到了中学时，加入共青团却遇到了困难。父亲的问题一直在困扰着我们，似乎那说不清、道不明的团团迷雾和片片阴影时时刻刻笼罩着我们。

现在回想起来，最痛苦的是我们的母亲。母亲的少女时代，我不曾有任何了解。后来，我才知道她年轻时曾在山海关师范学校读书，后转到通州潞河中学。听舅舅讲，母亲在学校读书时，各方面都很优秀，曾担任过童子军大队长。那时，母亲一直主持正义，从不放过不公平的事情，如果有小同学挨了欺负，她会批评那个欺负别人的学生。自我懂事起，记得母亲的性格还是开朗的，面容姣好，具有典型的东方女性的美貌。

我们搬到北新桥时，母亲刚刚过三十岁。在我印象中，母亲已经变得卧床不起，满脸愁容了。那时我哪里知道，母亲是在经受着多大的压力与痛苦。一个本来应该十分幸福和安乐的女性，却承受着无尽的煎熬。由于不能公开原因，一个美丽贤淑的母亲，变为身体十分虚弱的病人。

至于母亲结婚以前是什么样，我那时也不曾知道，因而谈不出任何印象。如今，我只能从好不容易收集到的几张照片上，看到她和父亲结婚前后的形象。在我保存的几张照片里，我看到了一张母亲单人的肖像。这可能是母亲结婚前不久的一张照片，她梳着长长的披肩发，额上是齐齐的刘海儿，漂亮的弯眉下，一双双眼皮的美丽大眼睛。五官端正而匀称，绝对称得上东方美女。

另外有一张是母亲与父亲的结婚合影照片，拍摄于通州姥爷、姥姥家。在这张照片上，妈妈稍稍靠在爸爸的右边，脚踏绣花丝绸鞋，身穿绣花旗袍，胸前、头上戴着绒花。母亲头发烫着大花，额头留着刘海儿。照片上的母亲是鸭蛋形脸，弯弯的眉毛下有一双美丽的眼睛。鼻子、嘴长得十分匀称，一副大家闺秀的模样。

第三张是母亲与父亲结婚时在照相馆里的结婚照。母亲脚穿高跟鞋，身披一袭白色婚纱，手抱一大把花束，坐在座椅上，一式西洋装束，时尚又美丽。照片上的母亲，肩膀紧靠着站在她左后方的父亲。母亲带着丝丝微笑，与身穿西服、打着领带的父亲，留下了这幸福的时刻。

从以上两张父母结婚照可以看出，母亲与父亲是非常般配的一对。母亲把自己交给了父亲，肯定对父亲十分满意、十分信任、十分依赖，她肯定也曾有过一段非常幸福的生活。

我还看到一张母亲抱着三个月的姐姐的照片，画面可以说明那时家中的状况。姐姐手上戴着银手链，围嘴上绣着吉祥语和宝相花。只见妈妈幸福地微笑着坐在那里，扶着站在她弯曲的腿上的百天的姐姐。此时的妈妈比刚结婚时略微发福，却更显得端庄美丽！她的脸上充满发自内心的美满、喜悦、幸福的表情。

父亲与母亲结婚时在照相馆里拍的合影

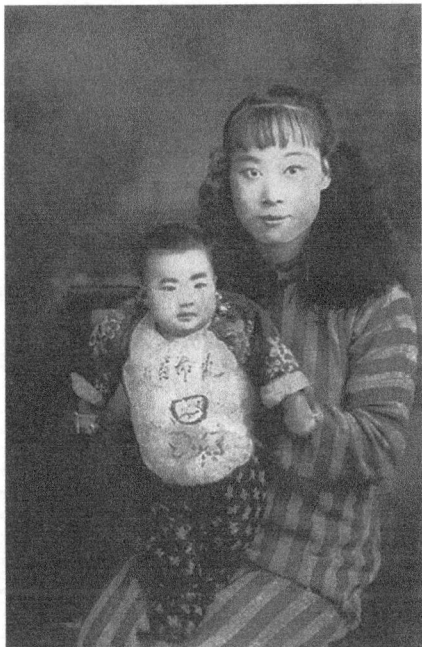

母亲与姐姐（摄于 1943 年）

　　然而，从以后的发展情况看，父亲既没有依附社会上的各种反动势力，凭着他会英语、日语，大学文凭及聪明才智，为自己谋个一官半职，也没有走个人发家致富的路，更没有投靠国民党反动集团做蒋介石集团的一名爪牙。父亲毅然选择了一条革命的道路、一条充满艰辛和危险的道路，选择了中国共产党隐蔽战线战士这一职业。这就注定了他不可能为了自己一家人的幸福去努力奋斗，而是为了完成革命重任而必须放弃个人家庭的安稳。一旦如此，母亲就注定会陷入经常与父亲分离、时时为父亲的安危而担心，生活动荡不安的状况。

　　但是，我们温柔美丽的母亲，没有因为考虑个人及小家庭而拖父亲的后腿。在父亲参加革命前，她没有鼓动父亲从事为富不仁、伤天害理的工作。父亲参加革命工作后，她不可能对父亲从事的革命工作一无所知。然而，她无怨无悔地选择理解、支持父亲，默默地承担着维持家境、相夫教子的责任。从这点又可以证明，母亲是一名美丽而又深明大义，坚决拥护中国共产党，拥护中国革命的伟大的女性。但是，就是这样一名温柔可亲的女性、我们可爱可敬的母亲，在中国革命已经基本胜利、新中国已经成立后，却继续过着艰苦的生活。

那时，我不知道，在大雪纷飞、北风呼啸的严冬，在雷鸣电闪、大雨瓢泼的夜晚，她是怎样忍受这份孤独的；在卧床不起、忍受病魔的折磨时，母亲又是怎样在无眠中熬过来

母亲（摄于 1945 年后）

的；母亲已经体弱多病，无法为我们三个孩子缝衣做饭、尽一个慈母的义务时，她的内心又是何等地苦痛和愧疚。我不知道，在母亲病重住院、即将离世时，丈夫不在身边，子女不在身边，父母不在身边，亲朋好友都不在身边，母亲是怎样度过这人生最后时光的？最后，她在弥留之际，又想留下哪些愿望，有什么遗憾和遗言？

自从 1942 年母亲与父亲喜结良缘，到 1949 年年中父亲离家奔赴台湾，在这 7 年 2500 多个日日夜夜中，我相信母亲曾经非常幸福，她曾得到父亲的精心呵护与关爱。但自从父亲参加革命后，母亲肯定会经常为父亲担惊受怕，为父亲外出执行任务而承受众多担忧与思念。特别是怀疑父亲已经叛变后的 1954 年春到 1955 年秋，母亲的心中聚积了多少忧郁，受到了多少曲解，她那虚弱的病体又担负了多少误解与压力。

我曾听亲戚讲，父亲走后不久，从武汉给家中发回一封信，信中讲道，他要到较远的地方办事，但一年左右就会回来。然而，多少个一年都过去了，父亲始终没有回来。我相信，母亲看过这封信，但多少年来，母亲是在怎样地盼望心上人的突然出现啊！她的焦急的企盼一次次地化为泡影。

母亲养育了我，母亲给了我生命，我却没能在她最需要被照顾的时候照顾好她，特别是母亲去世后被埋在了位于北京郊外的苇子坑北郊公墓。我还记得，在以后的日子里，在北风尽吹的晚秋，在春寒乍暖的清明，不少亲属曾带着我们来到墓地为母亲扫墓。但是，"文化大革命"中我们三个子女四散而去，墓地被平，至今母亲的遗骨也没有找到。

如今我们已无法看到美丽温顺的母亲，但这发生的一切，证明了我们的母亲是一位伟大的女性，是一位中国革命时期的模范。在那充满危险的战争年代，她默默地支持着父亲，她没有做出惊天动地的事业，但她的表现却证明了她是一名光荣的母亲。在革命即将胜利，她又忍受着极大的悲痛，将丈夫送到一个充满危险的战场；在本应过上幸福美满的生活的新中国成立之后，她又无怨无悔地忍受着艰辛。母亲呀，您的所作所为，真的让我们当子女的深深钦佩！敬爱的母亲，如今父亲的事情已经搞清，他以一名革命烈士的称号，为您带来了光荣与名誉。今天，您同样可以安息了！您可以放心，您的三个子女也没有辜负您的期望，他们都已长大成人，为祖国和人民做着贡献！

还有我不知道的事在发生。母亲去世后，"叛徒刘光典"一直没有下落，有关部门解除了对我们家的监视。但有一天家里突然来了一个保姆。当时她已56岁，姓南，我们称她为大姥姥，以示与亲姥姥的区别。她是一个老北京人，满族。南老太太是一个非常爱干净，又十分利落的人。她曾经在著名评剧演员小白玉霜家当保姆，后来离开小白玉霜那里，来到我们家。她除了照顾我们三个孩子，实际上还有一项任务，就是监视家中是否有生人来往。这也是我后来才知道的。在我们已得到父亲的真实情况后，为了进一步搞清她的身世，我特意去现在的北新桥派出所查阅户籍档案，查到曾有一个名字叫南龚氏的，生于1900年10月的人来我家当保姆，这就是当时的大姥姥。

那一段时间，我刚上小学二年级，由于有她的照顾，总算过了一段像样的生活。对于她的关照，我们也永远不会忘记。我总忘不了她平时给我做的熬白菜，尽管吃的是玉米面窝头、发糕之类，只有过年时有些肉及米饭、馒头。那时吃着这些美味佳肴，真好像做了一回神仙。南龚氏保姆在我们家待了一年多，我们总忘不了她那勤俭持家的风格、干净利落的形象，及对我们几个孩子的疼爱关心。

她在1957年后离开了我们家，我们三个孩子只好在学校入伙，到街道食堂用餐时，也总是想起这个大姥姥。到了几年以后，大姥姥已近70岁时，我们还去家中看望她。但"文化大革命"后我们与她失去了联系。现在想起此事，真让我有些感慨，心中滋味也难以表述。

半个多世纪之后，我们终于找到了父亲已经牺牲的铁证，找到认定了父亲没有叛变的铁证，找到了父亲刘光典实际上是一位英雄的多方面的铁证。从这些铁证可以推断出，所谓的"叛徒刘光典"纯属敌人耍的花招，目的是残害一名坚强的中共隐蔽战线战士，扰乱我们的阵营，对新中国进行破坏活动。由此，自1954年早春开始所发生的一切的原因，终于至2008年晚秋才得以找到最后的答案，此时，我们姐弟三个都已步入老年。那一年是我整整60岁退休那一年，为了纪念父亲，我请雕塑家泥人张的后代张荣达大师，为父亲用青铜铸造一尊铜像，使用的是父亲20岁时的照片。我把铜像安放在我的工作室，并记述这样一句话：60岁的儿子，终日陪伴着20岁的父亲。今天想起这句话，说不尽的追思，像电影中的情景出现在脑海。

60年一甲子，弹指一挥间。谁能体会我是怎样度过这两万一千多个漫漫日夜的，更难以体会那严寒与酷热的煎熬，又怎能体验幼小失去双亲的艰辛和苦难，更无法了解我们在 20 世纪 80 年代初，开始寻父的难度，难以体会我找到一丝丝有关父亲的线索的激动，直至基本搞清父亲情况的欣喜。

我记得，在台湾"财团法人戒严时期不当叛乱暨匪谍审判案件补偿基金会""台北高等行政法院"等机构的有关材料中，曾几次提及父亲的组织关系图。我估计这一关系图中应该涉及父亲的政治身份详情。于是，我继续寻找这个关系图。在朋友的帮助下，功夫不负有心人，我终于在 2009 年年初，有机会看到了一份更详细、更深入、更全面的材料。

这是通过台湾情治机构认真全面地整理、深入细致地总结，被称为"洪国式组织关系图"的材料。其主要是针对中共派往台湾的，以洪国式为首的中共地下情报组的组成、任务、活动等情况进行分析、研究的报告。在这份报告中，可以看到当初国民党在台湾的情治、特务机构，对此案是异常重视的，这也反映出，此案肯定是所有中国共产党在台湾的地下工作中的一个非常重大的案件。在这份材料中，我几乎找到了 2009 年前，对父亲及有关案情、父亲的战友相关情况的所有答案。其中包括《安全局机密文件——历年办理匪案汇编》一书，在《匪谍洪国式组织关系刘全礼等叛乱案》中，与洪国式有关的三个曾经不清楚的问题的答案。与此同时，通过阅读这份材料，我还了解到很多当时在台湾，有关中国共产党与国民党情报战的非常全面而翔实的相关情况。因此，我通过查阅这份材料，基本上完成了我的调查、了解与父亲有关情况的绝大部分工作。

我首先十分全面地了解到洪国式地下工作小组是如何在台湾开展情报工作的。这份材料告诉我，洪国式地下工作小组在台湾是以什么为掩护、以什么形式存在的。材料中注明，为了便利工作，当初在台湾的台中市组建了以刘天民为总经理的北方企业行。在材料中注有如下说明，经父亲刘光典、华震介绍给洪国式。刘光典为刘天民之堂侄，另外还有刘天民的妻弟华震的情况记载。为了便于工作，刘天民、华震等人为洪国式以北方企业行副经理的名义办了身份证。在材料中，所注明洪国式的真实身份是"匪"中央局派遣，"三八年一二月一二日自港抵台，中共中央政治局联络部潜台组织负责人"。

当时中共情报工作者在北方企业行掩护下取得各种公开身份，为便利工作起到很大作用。材料称："匪谍洪国式、刘光典、华震均住刘天民家并代报户口。刘天民以该行副经理名义为匪谍洪国式换身份证、萧枫为洪国式办入境证。刘天民以该行职员名义为刘光典保证出口。"同时还有如下情况记录："顾振家受郭秉衡利用，为刘光典办入境证。陆家骥于本年二月被刘光典利用，将已办妥之入境证经由业务处领出交与刘匪。刘天民窝藏刘光典、华震二人于家中，并为刘光典担保，请领出境证。"

从以上记载也可以看出，其实父亲在1950年2月中已办好了离台证。他此时是第二次来台湾，已经在台湾工作了一个多月。如果像他上次来台湾那样，在台湾工作不到四十天，那么他早已返回香港，根本不会有之后在山中逃避四年，被捕后又在牢中关押近五年，以致最后牺牲的事情发生。

其次，材料记载了这一中共地下工作小组，在工作中所需的一部分活动经费，是由北方企业行供给和承担的情况。材料中记有：刘天民借刘光典美钞一百元、黄金十市两。另洪国式曾向刘天民借黄金十五两，均由刘光典经手转借及刘天民借款给洪国式与刘光典转借洪国式。

国民党特务机构由此认为，北方企业行及刘天民与洪国式发生的经济行为，可视同"匪谍"经济机构。对此，国民党特务机构下的结论是：北方企业行因刘天民给匪首洪国式以该行副经理名义，借款于匪谍刘光典并计划组织地下工作，从以往共匪经济行为观察，该行虽非共匪资本，但透过刘天民关系亦可视同匪谍经济机构按匪谍经济机构论处。

这个中共隐蔽战线小组的成员遍布台湾的国民党军队、治安、"政府"、气象、新闻媒体、医院、工商、交通运输业、学校、文化等各个部门，可以说在所有重要部门，中共地下工作者无处不在。这包括：打入国民党军队内部的刘全礼、胡玉麟、郭秉衡等军人；基隆市政府秘书张礼大、台中市医院院长江德兴；省气象局技工王平、新闻工作者萧枫；等等。

除此之外，从这份材料中，我又搞清了曾经在看《匪谍洪国式组织关系刘全礼等叛乱案》时产生的三个疑问。在材料开头，我看到了洪国式的出身、历史、家庭等有关情况。其中有洪国式的妻子唐女士及孩子小红的简单介绍。洪国式也是于1949年离开爱妻和三岁的女儿小红，为了执行党交给他的任务而奔赴台湾的。他是 1938 年就参加了中共地下组织，一直从事党的情报工作，是一个有着十一年情报工作经验的党的优秀地下工作者。在他参加工作的十一年中，为了革命的需要，总是战斗在最前线，战斗在最危险的敌人的心脏地带。特别是在解放战争最为关键的时期，他往来于东北、上海、北京、香港。在新中国成立不久，他完全可以从极其危险的斗争中脱身，改换一个较为安全的工作。但他为了解放台湾的需要，冒着生命危险，被派到台湾执行新的特殊任务。不但如此，他还任中共中央有关部门安排在台湾的重要情报组织的负责人。到台湾后，虽然只工作了短短几个月，但凭着他对党和革命事业的忠诚，凭着他的努力和多年地下工作的经验，他所领导的工作小组成绩卓著，收集到了大量有价值的、多方面多种类的国民党情报。

我在这份材料中，终于搞清了有关父亲的组织系统的组成情况。在此材料中，用简图画出了这一系统的组织状况。在这个系统的最上一级，用方框标出：中共中央政治局，注有主席毛泽东，副主席周恩来、刘少奇、朱德的姓名。在这一方框的下一级，同样用方框标出李克农的名字。再下一级是在台湾的中共地下情报组的负责人洪国式。在洪国式姓名下面是我们的父亲，注有交通员刘光典的名字。另外，在这份关系图中，在父亲名字的右边，列有另一分支，注明敌工小组。具体工作定为对国民党军队进行策反工作。其中有胡玉麟、钱汾等一批人员。同样，在此份关系图中，在父亲名字的左边又列出另一分支，为情工小组。情工小组主要负责收集国民党反动集团的各方面情报。在情工组项目下，共列有一般情报、气象情报、沿海兵工地志、军事情报四个小分支。

由以上文字可见，当时洪国式领导的这个地下工作小组，组织浩大、人数众多、分工细致、任务繁重。我统计了这个组织中的人员，除了打入此组织内的两名国民党特务分子外，有名有姓的就有 38 人。

接着，我又了解到国民党特务机构是如何破获洪国式地下工作小组及洪国式被捕的经过，他被捕后是如何与敌人斗争以及他的最终结果。由于洪国式所领导的这个中共地下情报小组极为重要，引起了国民党最高情报机构的重视。阴险毒辣的彭孟缉、毛人凤等亲自指挥，组织各方特务力求破获这个组织。特别值得指出的是，为了破坏洪国式地下工作小组，国民党特务机构绞尽脑汁，冒着极大风险，派了两个国民党特务分子，即杨文亮和陈琦打入洪国式领导的这个地下工作小组内部。当我看到这份材料后，我又解决了一个重大疑惑，即在《匪谍洪国式组织关系刘全礼等叛乱案》中提及的，在破案中曾派到我方地下组织的有关内线的情况。书中没有提供内线的详细情况。然而，这份资料却十分清楚地提到当时国民党特务机构派出的两个内线，因而揭开了这个绝密内情。这两个内线，一个是杨文亮，另一个是陈琦，材料中记有相关简况。在杨文亮的名字下有如下说明：

　　本部直属组员，前空军一军区机械官，匪谍赵德明的同学，1950 年 2 月 2 日由洪国式取联，经洪国式赋予建立空军小组之任务，本部所派内线人员。

在另一名叫陈琦的名字下有如下说明：

> 本部直属组员，以杨文亮朋友名义接近，1949 年
> 12 月发生联系，经洪国式赋予调查兵要地志之任务，
> 本部所派内线人员。

由此可见，当时国民党特务机构是多么阴险、奸诈、毒辣。他们还投入大量特务人员，经过精心策划与侦察行动，最终将这个工作小组的情况调查、了解清楚后，将有关人员一一捕获，最后于 1950 年 2 月 28 日将洪国式抓捕。

在此，我又解开了洪国式是如何被捕的疑惑。在抓捕洪国式时，国民党特务分子设下了极为卑鄙的圈套。2 月 28 日晚，洪国式正在台北车站看汽车时刻表，一名国民党特务分子化装成游民，故意找洪国式滋事挑衅，致使两人发生争吵。此时，有几名特务化装成派出所警察，来到两人面前并对两人讲："现在是戒严时期，你们在此争吵，扰乱了社会治安，跟我们走一趟。"便将两人带到派出所。到派出所后，特务欺骗洪国式，先告诉他没什么大事，让洪国式找人证明他的身份后即可回家。洪国式完全不知道这是敌人设下的阴谋诡计，便告诉了特务们几个熟人的姓名、联系地址。敌人将其提供的人员一一抓捕后，露出了真面目。

有关洪国式案件的最后一个疑惑，即洪国式被捕后的情况，也被此份材料解释。1950 年 2 月 28 日洪国式被国民党特务抓捕后，敌人用各种酷刑对他进行刑讯，洪国式凭着他多年从事地下工作的经验与敌人周旋，向敌人透露了看似重

要的情况，比如中国人民解放军解放台湾的时间安排。实际上，这一计划已经改变。他对敌人讲："我是中共派到台湾的地下组织的最高领导者，其他人早已转移，你们是抓不到的。"他表面上同意与国民党合作，但他没有像叛徒蔡孝乾那样出卖同志，甚至带领国民党特务去抓曾是自己战友的同志。与此相反，洪国式暗中巧妙地与敌人做力所能及的斗争。在极为严峻的时刻，洪国式尽最大可能保护革命利益，使中共地下党组织尽量减少损失。我曾从当时国民党特务审讯他的记录上看到，特务讯问他，交通员刘光典在哪里？洪国式明知父亲此时住在台北市中央旅社或天星旅社。但他机智地答道，刘光典已返回香港取电台去了。实际上，此时父亲对洪国式已经被捕一无所知，洪国式机智的回答，保护了父亲，使父亲能躲过敌人当晚的抓捕，得以安全脱身，继而在山中藏身达四年。这完全是由于洪国式在十分紧急的状况下保护了父亲。如果洪国式是一个鄙贱的叛徒，此时他完全可以出卖父亲，为自己捞取荣华富贵或一官半职，进而像大叛徒蔡孝乾一样，在国民党的羽翼下苟且偷生。

洪国式被国民党特务机构安排到绿岛，让他做关在那里的中共地下党党员以及在朝鲜战场被俘的中国人民志愿军战俘的工作，妄图说服这些人背叛革命，投靠国民党反动集团。洪国式当着敌人的面，假装劝关在这里的人转变立场与观点，暗中却鼓励他们坚定信念，相信台湾一定会解放，中国革命一定会成功。经过十年的艰难曲折后，洪国式的所作所为被国民党特务们发现。洪国式于1960年前后被国民党特务暗杀，并将他残酷地肢解后抛到河中。在此之前，该组织中有 9 人，于 1950 年 10 月 1 日，中华人民共和国成立一周年时被杀害，其他人被关进了牢狱。

但是，由于种种原因，当时有关部门认为洪国式已经叛变，因而将他定为叛徒，组织要求他的妻子与他离婚。40多年以后，组织上根据实际情况，重新给洪国式做了结论，确定洪国式在台湾从事革命工作，不幸被捕后被国民党杀害而以身殉职。至此，前文我提及的有关洪国式的三个疑问也有了一个初步结论。但由于时间久远，情况复杂，还会有什么变故，会随着时间的推移而得出最后结论。

现在，我们终于明白了，在我们青少年时期，由于斗争的激烈复杂，由于国民党特务机构的阴险奸诈，为了破坏捣乱，制造了父亲背叛的假象。又由于当时的种种原因，我们曾遭受误解，经受苦难。但父亲没有背叛的真情被搞清后，我们得到了公正的待遇，得到的是自豪与荣耀。试想，父亲如果真的背叛了革命、背叛了中国共产党，那么我们将永远背上一个叛徒后代的声名，不但我们永远深感耻辱，还会殃及父亲的所有亲属，殃及我们及我们的子孙后代。这一顶叛徒的帽子会让我们永远抬不起头来。然而，父亲却用他的优良品德，用他承受的种种苦难，最后用他仅有的生命和鲜血，为我们、为他的子子孙孙换得了能永远挺直腰背、永远扬眉吐气的生活空间与条件。

然而，几年来我却一直没有找到一丝一毫父亲刘光典五年监狱生活的情况，这不能不说是一种缺陷和遗憾。或许又是什么力量在支持着我们，2010 年 8 月，我终于找到了一份资料——《书城》杂志上的一篇文章《一个台湾老兵的回忆》。此回忆中有一段文字，记叙了一名叫张家林的原国民党士兵，于1957年与我的父亲一同被关在台北市青岛路军法处的情况。现将其摘录如下：

　　还在养病治疗的时候，我突然被调去8号病房，那里关的是刘光典，旅顺人，二十多岁。我们初见面，他就自报姓名，这点令我对他生出好感，因为我自己也这样。有些人不这样，他们不愿跟人透露自己的一切，包括真实姓名。刘光典长得高大英武，头发胡子都留得很长，像个野人。他是中共社会部派来做洪国式的通讯员。而洪国式则是中共派来的地下省委。后来我在火烧岛上碰到了洪国式，他给我们讲《俄帝侵华史》和《苏俄在中国》。因为洪国式已经向国民党自首了，刘光典联络不上他，于是在嘉义的山区躲藏着，从嘉义跑到台南，躲了两年多，后来被抓，关到了8号。我因为对他一见面就有了好感，虽然不知道他犯了什么案，却很同情他。渐渐我发现他很能干，不但会说闽南话，还会说日本话。

　　刘光典待人很义气，从一件小事就看得出来。我们分饭，如果那天菜上漂着肥肉或者肉片，他会叫我吃。他说："小张，你吃。你身体不好。"他绝口不跟我谈他所涉的案子，但是相处熟了，常常聊天。有天谈到他父亲。他说："我爸爸是沈阳火车站的调车工人。"我随嘴问出："那么你干吗来台湾？"他说："我奉命。"听他这么说，我感到这个人有种。当然，我知道他是真正的共产党了，可是不跟任何人说。

我隐约感到，我之所以被调到他的房间，就是想利用我打小报告。我不会上这个当。我们最看不起的就是打小报告的人，大家叫这种人狗。我在牢里碰到像刘光典这样真正的共产党人，让我觉得佩服，但是也让我感到中共处心积虑地要得到台湾，为此付出的代价未免太大，像刘光典这么优秀的人就这么牺牲了。我在病房住了一段时间，胃病没有好，就被调回 24 号牢房。

我在青岛东路被关了大约两年，在 1959 年秋季跟许多难友一起被送到绿岛，也就是大家知道的火烧岛。那里的正式名称是台湾省保安司令部新生训导处。虽然我判刑十年，但是脱离了死刑威胁的阴影，仗着年纪轻，我不怕熬不过漫长的岁月，心倒是比较定了下来。很多年以后，我才明白，这里不管有因或是无辜，一个人一旦涉入政治案子，一辈子也脱不了关系，永无宁日。

张家林近照

226

　　这一段回忆，写的是 1957 年的情况，虽然文字不多，但可以从中分析和折射出有关此案件的情况。这是一个当年被国民党特务残酷迫害的老兵的亲身经历与亲眼所见，真实地揭示出父亲刘光典在被国民党关押了三年后的点滴情况。我得到此份材料后，立即与台湾的朋友联系，请他们帮助我寻找张家林先生，一旦联系上，我会立即去台湾与张先生会面，以便从他那里更好更多地了解父亲刘光典被关押在牢狱中的情况。朋友马上告诉了我张家林的情况。

　　张家林是安徽合肥人，1931 年 6 月 5 日出生。1948 年参加青年军到台湾，1950 年海军士兵学校毕业，被分配到海军服役。

　　后因荒谬的命运捉弄，被关进牢里，历经劫难，后经军法审讯，被判刑十年，先后关押在凤山、台北、泰源、绿岛等地。1967 年 2 月 27 日，张家林获释出狱。1987 年，他辗转到达美国纽约。此后，张家林除经商外，还积极参加纽约当地要求平反冤狱和赔偿的活动，曾任旅美老兵自强会会长。2009 年 3 月 2 日，张家林在美国加州去世。

　　我只能对张先生的去世表示悼念，虽然他仅与父亲在一起被关了几个月，但毕竟是父亲的难友。目前也仅从他的这段回忆中，得以了解父亲刘光典被关押时的点滴情况。同时，我心中也产生了一丝悲哀与遗憾，这一天来得晚了，我没能了解到更多的情况。这段回忆虽短，却为我们提供了父亲的有关情况，而且是十分难得的情况。

　　其一是反映出当时台湾处于白色恐怖中，国民党特务们种种令人发指的劣迹。他们乱抓无辜，凶恶残忍，毫无人性。难以想象，特务们在国民党军队里，对国民党军人，同样实施酷刑。

其二是部分透露了洪国式的情况。从他口中了解到洪国式在火烧岛的情况。可以看出，张家林对洪国式是不十分了解的。洪国式在被捕后，的确向国民党特务机构透露了部分中共有关解放台湾的情况，但这完全是出于对敌斗争需要。加上国民党特务进行的欺骗宣传，使得当时的各方面都认为洪国式已经自首叛变。

其三是为我们传达了父亲身处监牢而不动摇的坚定立场和坚强毅力。

其四是了解到父亲刘光典的其他细节及助人为乐的美德。他时刻为他人着想，处处关心、爱护难友。这一切，都值得我们后人很好地学习与继承。

父亲刘光典是中国人民解放战争接近尾声，为了解放中国不可或缺的宝岛台湾，维护伟大祖国的统一，被派到台湾的千百个革命战士之一，是中共中央情报机构十分杰出的地下交通员，也是一名地位比较重要的·被国民党反动集团关押时间最长的地下工作者，是一名没有背叛的从中共中央情报机构派往台湾的并被蒋介石亲自下令杀害的地下工作者。

根据国民党反动集团的判决书记述，父亲从台湾取回的国民党情报，是国民党、蒋介石集团在台湾的核心军事绝密，是可以用于打击和消灭国民党守军的最有参考价值的宝贵情报。这些情报包括：（1）国民党在台湾的陆、海、空军情况；（2）台湾气象密码；（3）台湾海潮涨退时间表；（4）台湾西海岸国民党驻军及港口守军情况；（5）两大重

228

要港口高雄及基隆两大海岛的通讯密码。这些情报内容，是通过军事手段解决台湾问题的重要依据。

从以上情报的内容看，无论是懂或不懂军事、战争，也无论是或不是研究情报专业知识的人，都能感觉到这些情报的重要性及分量，都会对当时进入台湾的中共地下工作者的智慧与胆识佩服与称赞有加；都会对中共地下工作者，是如何在敌人严加防守的心脏中，挖取到如此重要的情报而深感兴趣。那时，没有先进的科学仪器与手段，我们的地下工作者，完全靠他们对中国共产党和人民的赤胆忠心，克服种种困难而取得如此辉煌的战绩！

想到以上情景，我明白了蒋介石在收到有关判处父亲死刑的判决书后，为何气急败坏地大笔一挥，无比凶残地写下"刘犯死刑照准"的罪恶批示。打了多年败仗的蒋介石，绝对清楚父亲搞到的这些情报的重要程度，这是要抄他最后的老窝，要他性命的利剑。对于父亲这样坚定的共产党员，父亲的存在对蒋介石来说就如同芒刺在背。对于"罪大恶极"的父亲这样的共产党人，蒋介石已杀害了不计其数。他此时哪里还记得国共合作，他只记得，被共产党从巍巍钟山赶到这一片孤岛上。他岂能放过已抓在手中的冤家对头，只有杀掉共产党员，才能解他心头之恨。因而父亲落在了他的魔爪之中，真的是难以躲过杀身之祸。由此看来，在这场军事斗争中，父亲最终为了党和人民的事业，为了祖国的统一而献出宝贵的生命。这也是父亲自己为了人民的利益选择死而后已、死得其所的悲壮结果。

经过多个部门、众多同志数十年的努力，父亲刘光典的身份、工作任务、革命事迹终于在他牺牲 50 年后被逐步查清，并终于可以公之于世。他的事迹，特别是他在台湾岛内令人惊心动魄的深山逃亡和狱中斗争的经历，以及他在刑场上大义凛然、慷慨就义的场面都使他可以称得上是那个年代中共隐蔽战线上的佼佼者。

但至 2008 年为止，仍有一些细节没有搞清，比如：父亲参加革命的确切时间；父亲参加革命后，在大陆都做了哪些具体工作；他是何年何月从什么地方离开北京赴台湾的；父亲在台湾被捕后的五年里更详细、全面的情况；父亲被枪杀后的遗体是如何火化和保存的。这些问题我只能在今后的日子里再进一步查清，总之，总会有那么一天，会把所有与父亲相关的事情查个水落石出、清清楚楚。

4. 献身宝岛铸忠魂

2008 年秋，是个收获的季节。自从 1988 年开始，经过二十年的不断追寻、挖掘，父亲刘光典那短短 37 年的人生时光，特别是他在台湾那段长达十年的牵动人心的斗争经历已被厘清。这常使我们后人及亲朋好友深感欣慰。但是，如同对大自然的不断加深认知及广泛研究一样，父亲刘光典身上似乎总有不断闪现的问号及求索点。他似乎总在唤起我们子女继续锲而不舍地潜入深山莽林，去寻找父亲被遮掩住的更多更新的亮点。

时光飞快地来到 2014 年，此时离 2008 年一晃又过去了六年。就在我觉得不会再有父亲的新线索和新材料时，我却十分意外地看到了厚厚的台湾"国防部"编辑的有关父亲刘光典的所谓叛乱的综合材料。在过去若干年里，我看到的有关父亲刘光典的材料，除《安全局机密文件——历年办理匪案汇编》中《匪东北局社会部潜台匪干王耀东等叛乱案》中有比较多的文字论述外，大部分是分散在各个案件中的零星材料。但如今我却看到被台湾军、警部门汇总成几百页的厚厚一大本专卷，由此可见此案的重要程度。在过去的二十多年光阴中，我经过苦苦探寻，又通过对曾经看见过的那些材料的归纳、整理、总结，将父亲的 37 年生命还原成了一名中共隐蔽战线的忠诚战士。但实际上，发生在父亲身上的故事仍然有很多细节我并不清楚。当我看过此份材料后，父亲刘光典一生中的众多感人至深的细节，被生动、翔实、细致地从刘光典的所谓叛乱的综合材料中展现出来，像纪录影片似的不断真实地出现在我们面前。

（1）父亲刘光典于 1946 年年底参加革命及参加革命后的有关事迹。

抗日战争胜利后，中国本来极可能迎来和平发展新时代。但是，1946 年蒋介石撕毁停战协议，内战全面爆发，中共中央为了避免内战而做出的极大努力付之东流。此时，蒋介石集团蛮横地要求中共驻各大城市办事机构撤离，中共亟须加强地下办事机构及发展能够胜任隐蔽战线斗争的忠诚战士，以使中国共产党领导的革命继续下去。

这时的父亲，不但有着大学文凭、英俊的外表和聪明才智，还有稳定的收入和美满家庭。座上有佳宾，家中有贤妻，膝下儿女，手中有黄金。俗话说大炮一响，黄金万两。

他完全可以继续做生意，发财致富。而且当时国共两党力量相差悬殊，谁胜谁负难以断定。但是，他有着一颗充满正义感的中国心。父亲的同乡洪国式认为父亲刘光典具备诸多优越条件，便向上级汇报了有关情况。经上级研究决定，父亲于1946年年底被组织吸收，成为中共社会部大连情报处的一名战士。父亲刘光典得知情况后，毅然决然加入了中国共产党隐蔽战线队伍。与此同时，他的选择也得到了爱妻王素莲的全力支持，使他能够安心从事党的隐蔽战线工作。

父亲刘光典参加革命后，组织交给他的第一项任务，是与洪国式筹建中共情报站"华石公司"。相关材料记载："刘光典，辽宁旅顺人，知识分子，擅长商业贸易，在上海成立华石公司时，成为洪国式的主要助手，他为人诚实机警，不嫌弃共产党穷闹革命。在洪国式、秦笠于东北、北平经济处于最困难的时候，拿出自己的财产支持革命工作。计黄金10两，美元1000元。如以当时金价30美元折合1两黄金计价，这1000美元就折合30两黄金，因此刘光典的贡献是不小的。"

在上海工作一段时间后，父亲刘光典被调回沈阳，参加备战辽沈战役的情报工作。他在沈阳太原街31号开设了一家名为福生药店的中西药房，以做医药生意为掩护，从事中共地下情报工作。他多次冒着各种风险，奔波于敌占区及解放区传递情报，圆满完成党交给他的任务。1948年1月14日，我出生在这个中共情报站里。

1948年7月，辽沈战役即将胜利结束，平津战役即将打响，组织上命令洪国式与刘光典等人到北平做平、津前线敌区情报工作。父亲刘光典被调到北平后，担任中共中央社会部交通员。在此期间，他多次赴内蒙古、华北、上海、香港、大连执行任务，为北平的和平解放及接回重要的爱国民主人士做了大量的工作。父亲与洪国式到达北平后，曾经先后在牛街、宽街等地寻找合适的地点建立情报站，最后在宣武门内大街 124 号租得一个小独院。在资金不足的情况下，还是父亲刘光典出钱出力，保证了同志们的生活所需，从而使这个情报机构能够生存，工作得以顺利进行。

那时，我们一家还曾在西单辟才胡同住过一段时间。为了掩护身份，父亲刘光典曾几次带着女儿刘玉芳到灯市口红星电影院与战友接头。此时，组织上认为，刘光典已成为一名合格的中共隐蔽战线战士。

平津战役打响后，父亲刘光典与战友们往来于京、沪及河北、东北之间进行情报传递工作。在十分危险的环境下，父亲刘光典于 1948 年 8 月，将收集到的平津前线地区国民党军事情报放在一个香烟盒中送到大连情报处。

到目前为止，在平津战役胜利完成的有关史料中，记述了众多史实。其中包括当时中共北平城工部刘仁、傅作义身边的阎又文以及王玨、傅冬菊、邓宝珊等人与往事。但唯独没有中央社会部大连情报处秦笠、洪国式、刘光典等人在平津战役中的工作记录。可以讲，父亲刘光典的所谓叛乱的综合材料中的材料补充了这一空白。

（2）父亲刘光典于 1949 年 5 月上旬离开北平南下执行新任务。

三大战役胜利结束后，新中国即将成立，父亲刘光典本来可以与妻子儿女团聚，投入新的幸福生活。但是，祖国南方包括台湾还没有解放。为此，他于1949年5月离开北平东四钱粮胡同内的南花园14号院，南下执行新任务。根据有关部门的材料和父亲刘光典的所谓叛乱的综合材料记载，父亲从北平出发南下后，先到汉口执行任务。具体内容是与隐蔽在国民党军队里的中共隐蔽战线人员联系，传达上级对汉口解放的有关指示。在这里，我终于搞清了父亲刘光典给家里写的最后一封信的寄出地点。

此前，曾听家里老人讲，父亲刘光典于1949年上半年外出执行任务中，从长沙给家里写过一封信。内容是告诉母亲，他要到一个较远的地方做生意，从此不能再写信。他还告诉家里人，此次外出，要一年多后才能回来，希望家人等他归来。到他归来时，如果万一失去联系，他会在报纸上用刘芳这个名字刊登寻人启事。不久前，我找到了我的一本笔记本，笔记本上注有于1974年12月3日开始使用的时间。此笔记本上面记有此信的有关情况，有如下文字："为了今后的生计，我要到遥远的地方去做生意……"还有"录于49年7月自武汉写回的家信"等文字。从以上文字看，父亲刘光典是在途经汉口去香港的途中，从汉口给在北平的家里写了这封家书。

从我的笔记本上查到此信自武汉发出，而家人却讲此信从长沙发出。那么此信究竟是从哪里发出的呢？我在刘光典的所谓叛乱的综合材料中的洪国式日记中看到有如下记载："刘光典自汉口来香港。"这就证实了这封信的发出地的确是汉口。从写信时间看，父亲在武汉待了两个月，直到7月

234

才离开武汉继续南下香港。那么，他在武汉做了什么工作？这在刘光典的所谓叛乱的综合材料下面的记录中找到了答案。

（3）父亲刘光典于 1949 年 9 月到达香港。

父亲刘光典是什么时候到达香港的？这也是我一直想搞清的问题之一，但在 2014 年以前一直没有确切答案。以后，这个问题从《刘光典叛乱案》卷宗中找到了确切记载。当时按中央的部署，初步定于 1950 年六七月份解放台湾。为了加强台湾的情报工作，顺利完成解放台湾的任务，中央社会部派洪国式赴台工作。他于 1949 年 9 月 2 日上午 9 时在天津上船赴香港，轮船于午后 1 时起锚开船。按行程计划，轮船于 9 月 5 日中午抵达仁川。轮船在仁川港停靠一天后，于 6 日中午离仁川。从仁川启航后，经过四天的航行，于 9 月 10 日晚到达香港。当晚，洪国式住在干诺道大东酒家219 号。他到达香港后，一直在香港待命。

约半个月后，他在日记中记有如下文字："9 月 23 日华震自汉口、9 月 26 日刘光典自汉口来香港。"可见父亲刘光典是 4 月从北平出发，经 5 个月时间，于 9 月 26 日到达香港的。洪国式还在日记中写道："华震、刘光典在汉口收编游击队，但不成功。"这透露出了父亲刘光典在汉口同时执行的另外一项任务，是与另一名叫华震的同志做收编游击队工作，这就搞清了父亲在汉口停留两个月所做的工作内容。

最近，我又看到了关于父亲刘光典赴香港的另一份材料：这是 1946 年 6 月 26 日驾机投身革命到达延安的唐玉文的一段回忆：

"难忘兄弟情　送别隐蔽战线同志

"'风萧萧兮易水寒，壮士一去兮不复还。'在我党的革命历史上，有一支队伍为革命的胜利和新中国的成立作出巨大贡献和巨大牺牲，但是其功绩，甚至连姓名都不为世人所知晓，这支队伍就是我党的隐蔽战线。

"作为我党空军摇篮，东北老航校组建后，由于解放战争需要，东北老航校的各位教官除了训练飞行员以外还经常带领学生承担运输战略物资的任务。1947 年至 1949 年，我经常带领老航校学生承担运输任务，在执行任务的过程中我结识了'上海华石'公司一位叫刘光典的同志。刘光典是一副又高又瘦又帅又文质彬彬的模样，平常大家都称呼他大刘，后来我才知道刘光典的真实身份实际是我党隐蔽战线的一员，当时主要负责在上海收集有关情报和购买战略物资运回东北解放区。那段时间，刘光典负责购买物资，我负责运输物资，我们俩在合作中很有默契，躲过了国民党的多次封堵，保障了像盘尼西林这一类战略物资的供应。刘光典受过大学教育，而我是从美国回来的，所以我们私下里经常聊天，有很多共同语言，聊一聊大学生活和留学生活，刘光典年长几岁，我一直称呼他大哥，我们俩在一次行动中还约定好等开国大典那一天，共同为共和国献礼，将家里的黄金当做特殊党费上交国家，然后带上家人相约在天安门照一张合影。

"1949 年 9 月中旬的一天，已经是开国大典的前夕，我突然接到上级的一项秘密任务，要驾驶飞机将刘光典和另外一名同志从北平送往大连，然后再乘轮船前往香港。当时，我还不知道次刘光典此行的最终目的地是台湾，蒋介石集团已经逃往台湾，在美帝国主义的帮助下做好了负隅顽抗的准备，台湾已经成为一个半封闭的孤岛，我们党派往台湾隐蔽战线的同志都已经做好了一直潜伏的准备。飞机从北平起飞，穿过一道又一道云层，刘光典就静静地坐在副驾驶后面的位子上，没有像往常一样一直跟我聊天说话，有点风萧萧兮易水寒的感觉。我感觉他的心里好像有话要对我说，但是一路上，刘光典就这样静静地坐着，透过玻璃窗户望着机舱外的大地一点点远去，没说一句话，这个形象深深地刻在了我心中。没想到此去竟然是我和刘光典兄弟的最后一次见面，解放以后，受组织安排，我多数时间在东北工作，而我听说刘光典的家人被接去了北京。再到后来，我听说了刘光典牺牲的消息，在我心中那个又高又瘦又帅又文质彬彬的形象一直影响着我，还有我们俩为新中国献礼的约定。"

从这段回忆中，我了解到当时我们的飞行员为革命作出的贡献。由此我也从另一方面知道了我们为什么能在1948年，由母亲带我们姐弟三人乘飞机从沈阳到达北平。

此后，父亲刘光典在香港备战一个月后，于10月25日乘"永生"轮去台湾执行任务，于两天后的27日到达台湾。由此可算出，当时从香港乘船到台湾需要约四五十个小时的航行时间。一个月后，父亲刘光典从台湾取得大量军事情报后，于11月25日从基隆上船，于27日返回香港。而正是在这一天，中共华东局派朱枫从香港出发到达台湾。朱枫抵达台湾后，很快从吴石那里取得另一批情报，然后立即通过一艘轮船上的大副带到香港。按照行程所需时间，约一周后，毛主席应该在他于 1950 年 1 月 6 日启程访问苏联前，看到来自台湾的这些重要情报。

（4）父亲刘光典所在情报组织在台湾被破坏后的情况。

1950 年 2 月 28 日是个令人心痛的日子，在此前的一周，在台重要情报机构负责人洪国式似乎预感到要发生不幸，因而催父亲刘光典速办出境证返回香港。大约在 2 月 25 日前后，父亲刘光典离开常住地台中市到达台北市，住在台北中央旅社。2 月 28 日早上九点，父亲刘光典从中央旅社来到洪国式住处，他们研究了下一步的工作，落实了父亲刘光典离开台北返回香港之事。中午，他们一起用餐。这可以讲是他们共同用过的最后的午餐。然后，父亲刘光典离开洪国式去基隆取离境证，而洪国式独自一人去了台北车站。洪国式到车站不久，便被跟踪到车站的国民党特务抓走。以后，国民党特务又分别在嘉义、台中、台南将胡玉麟、钱汾、邹曙、华震、刘天民、刘全礼、郭秉衡、江德兴、杨为石、陆家骥、土平等人抓捕。就这样，经中共有关方面精心建立的情报组织在一天之内不复存在。而父亲刘光典身在基隆，逃过了一劫。

敌人发现刘光典逃脱，便立即一边发出通缉令，一边布置各路人马封锁各码头、机场、交通要道，对他采取抓捕行动。在《刘光典叛乱案》卷宗中，我看到了一张当时发出的通缉令照片。通缉令右上有"第三科　副本呈省警务处　台北县警察局代电　事由　密　各分局直辖分驻所"字样。"通缉令"内容是"一、奉省警务处警丙字第〇八六六三号代电（一）奉台湾省保安司令部联检处及各机场检查所哨等位第卅九安备字第一五四七号代电副本内开查重要匪谍刘光典，化名刘先农，现年三十余岁，东北大连人，高等身材，平时喜着棕色西服及蓝色中山装。应即通缉归案兹捡附该匪照片乙张希即另属严于查察如发现其人即行逮捕解部讯办等因。（二）除分电外特电希密令所严缉归案具报等因。二、除分电外特电希令属严缉归案具报。三、本件副本抄呈省警务处。局长刘坚烈"。另外，通缉令上盖有台北县警察局官印。

从中可看出，此通缉令行文匆促，语法不通，错字连篇。这表明敌人是在情形十分紧迫的状况下仓促写成，迅速发出的。我们也可以想象到，此时的父亲刘光典只身一人，身处孤岛，四周遍布急于抓到他的蒋介石的鹰犬爪牙，这是何等的危急状况。在突发这一非常事件后，敌人在叫嚣：匪谍投降就可以优待。做为中共中央情报部门派出的人员，他可认背叛，保住一条命，如果同敌人合作，他可以升官发财。但父亲在忠实与背叛之间做出人生第三次选择：忠诚于党，继续与敌人斗争。此时，他既要逃避敌人的追捕，又要处理好各方面的遗留问题。在我了解到这些情况时，作为他的孩子，此时此刻的我为他的担心可想而知。在这种危急时刻，父亲刘光典如果没有坚强的毅力和无畏的勇气、灵活的应急能力和智慧，或者会陷于惊慌失措之中而惶惶不可终日，或者会因避险不利而立即遭到敌人捕获。但是，他凭着对党的一颗忠心，以大无畏的英雄气概，机智沉着，迅速行动，在战友王耀东等同志的帮助下，躲过敌人的通缉和追捕，安全渡过难关，成功藏进台湾南部的深山。

（5）父亲刘光典在台湾与组织的联系方式及最后报警。

1949 年 10 月和 1950 年 1 月，父亲刘光典被中共社会部两次派进台湾任交通员执行任务。此项工作具有相当的难度和危险性，为了顺利完成任务，组织上肯定会要预先安排好他如何在岛内与组织及同志的联络方式。以前，我了解到，父亲刘光典 1950 年 1 月 6 日再次进入台湾后，于 2 月初给香港机构报告"货已备妥择日返港"的信息。以后，又在组织被敌人破获后，于 3 月 2 日给组织发来"俊弟患脑炎病故"的最后报警。但他是通过什么途径和方法与香港联系呢？这个问题在 2014 年前对我来说，一直是个谜。直到通过查阅《刘光典叛乱案》卷宗，我才发现，其中有"通过邮局给香港报告"这些字样。由此可知，当时中共情报组织在台湾执行任务时，在没有电台进行联系的情况下，交通员与组织联系的方法之一是通过邮政系统进行的。按当时交通工具看，邮件大部分是通过海运方式递送的。从当时轮船航行时间计算，往返于香港和台湾的航行时间约需 50 个小时，加上邮政系统对邮件的分拣及递送，一封信的寄送约需 4 天至 5 天。由此推算，父亲 3 月 2 日发给在香港的组织的最后一封报警信，我驻香港情报机构可能最迟于 3 月 7 日收到。当然，由于当时情况危急，父亲刘光典更有可能是通过寄发航空邮件向组织报警。要是那样的话，如果赶上航班，邮件用两天时间即可从台湾到达香港。

另外，还要在此交代一名中共驻香港工作人员，即父亲在香港的上线联系人高远的情况。他也是一名资历较深的中共地下工作者，1949 年以后被安排在香港负责来自台湾的情报接收工作。后因情况变化和工作需要，他被调到中华人民共和国外交部工作，曾任驻外大使，后在外交部离休。我于 2007 年找到了高远同志的电话号码，原想找他了解更多情况，但是当电话打通后，高远的家属告诉我，高远同志已年老，神志不清，我错过了机会。后来得知，高远同志 2008 年于北京病逝。

（6）刘光典在深山坚持斗争时的艰苦状况。

我的孩子刘新宇于 2008 年 9 月上网搜寻他的爷爷的情况的时候，发现了一本"国民党保安司令部"编印的《一个匪谍逃亡的故事》小册子。在这本小册子中，有父亲刘光典在旗山山上躲避的详细图文记载。记述了刘光典进入深山后，做出人生第四次选择：担当。尽管与组织失去联系，没有人指示他如何做，他自觉坚守着一名中共隐蔽战线战士的职责，继续在山中坚持斗争。此前，我们对父亲刘光典在山上逃亡及藏身之处等详情，知之甚少。在《刘光典叛乱案》卷宗中，我发现其中不但记有父亲刘光典在旗山山上海拔一千米处藏身的文字，还有一些照片。其中一张照片是深山远景，文字说明是：刘光典在海拔一千米山顶的一个山洞里藏身。另一张照片拍的是一个洞口，文字说明为"此山洞洞口长 50 厘米，宽 60 厘米，洞内长 1100 厘米，高 1700 厘米"。另外还有一张照片，照的是此山洞口，文字有"洞口饰有野草花木伪装"。看到这些文字和照片，我才知道，身高约一米八的父亲和王耀东二人，就是在这样一个如此狭小的山洞中躲藏，与敌人坚持斗争。可想而知，如果父亲和王耀东没有不怕苦、不怕难的坚不可摧的钢铁般毅力和意志，根本无法在如此苦难恶劣的环境中坚持斗争和生存下去。

另外，我还看到两堆编制的竹器照片，上有"匪谍王耀东刘光典逃亡时自编制之竹笠变售维生"字样。由此可见，父亲和王耀东为了坚持斗争，在钱财用完之后，靠编制竹器出售维持着艰苦卓绝的生活。

（7）刘光典在台湾壮烈牺牲的经过及有关情况。

2014 年前，我们仅仅知道父亲刘光典于 1959 年 2 月 4 日这一天被蒋介石亲自下令杀害。当时，我们还认为他是在台北马场町刑场被枪杀。同时对父亲壮烈牺牲时的有关细节及详情并不了解，包括他牺牲后遗体是如何被敌人处理的都没有答案。当我于 2014 年看到《刘光典叛乱案》卷宗中所记录的父亲被枪杀的详细过程时，了解到蒋介石及其爪牙黄杰、金士祥及枪杀父亲的刽子手们的毫无人性的法西斯残暴罪行后，当时那种撕心裂肺、悲痛难忍的感受终生难忘。在我过去几十年来的苦苦追寻中，我虽然听到、看到过不少关于父母的消息。无论是看到父亲已经牺牲、组织宣布他为烈士，甚至在台湾首次看到并触摸到父亲那一坛忠骨时，我都强忍悲痛，未曾让一滴眼泪流出眼眶。但此时，我再也难以忍住泪水的涌出。作为他的后代，此时我百感交集，既对蒋介石集团及刽子手们充满痛恨，又对父亲充满怜爱和无力相助的心痛感受。

自从蒋介石亲自批复立即杀害父亲的文件下达后，该批文被下发到台北警备总司令部，时任总司令的中将黄杰开始布置对父亲刘光典执行死刑的实施方案。

蒋介石的忠实走狗黄杰为湖南长沙人，生于1903年。他是黄埔军校一期毕业生，跟随蒋介石多年并深得蒋介石信任。在抗日战争中，黄杰任第十一集团军司令，曾指挥过滇西作战。但是在异常激烈的徐州会战中，侵华日军土肥原部即将被全歼的关键时刻，担任防守商丘任务的第八军头目黄杰，尚未与日军交火，便一枪未放就放弃了商丘，带着部下不战而逃。他的临阵逃脱，致使备战于商丘和兰州、开封一带的中国军队处于被日军东西夹击的危险境地。黄杰不服从指挥，临阵脱逃，彻底打乱了中国军队的战略部署，歼灭土肥原部的宝贵战机就这样被逃跑将军葬送了。黄杰逃跑的"理由"，竟然说是用于联络的电台被炸毁，无法与第一战区联系。黄杰放弃战略重地，临阵脱逃，给徐州会战造成重大影响，却未受到蒋介石的任何处分。不仅如此，黄杰擅自逃跑的可耻行为还造成另一大灾难。蒋介石见徐州会战形势非常不利，立即电示第一战区司令长官程潜采取防范措施。6月6日，下属新八师师长蒋在珍建议在花园口炸开河堤，用黄河水阻挡日军进攻。7日，蒋军工兵用炸药炸开了河南郑县附近的花园口，因堤防被炸开，一时间大水决堤而出。造成大面积土地成为泛水区，甚至使黄河改道南流，入贾鲁河和颍河，夺淮入海。直到抗战结束后，经过修补堤口，黄河才又回到决堤前的旧河道出海。花园口决堤事件给豫、皖和苏等地的中国百姓带来了深重的灾难，共淹没耕地1200余万亩，致使1200万人受灾，390万人流离失所，89万人死亡。这一灾难性后果的始作俑者之一，便是逃跑将军黄杰。

抗日战争胜利后，蒋介石发动内战，黄杰更是死心塌地地跟随蒋介石，积极参与反共反人民的罪恶内战。但随着中国人民解放战争的进展，到了解放战争末期，黄杰被中国人民解放军打得一败涂地。1948 年年底，他又当了一回逃跑将军，带着他的残兵败将溃逃到越南。在越南，他仍坚持反共，直到 1953 年才灰溜溜地逃回台湾。黄杰回到台湾后，蒋介石认为他反共立场坚定，授予他"陆军二级上将"军阶。第二年，他被任命为台湾"陆军总司令部"总司令。以后又任命他为"台湾警备总司令""台湾省政府主席"。由此可见，黄杰是蒋介石的一条忠心走狗。

如果说黄杰在对日作战中贪生怕死，只会逃命，但他在屠杀中共人士及对中国人民进行残害方面，却是蒋介石的一员得力干将。由于他在内战中被中共打得狼狈不堪，因而怀恨在心，他对刘光典这样的中共隐蔽战线的忠诚战士恨之入骨，恨不得马上将刘光典置于死地。1959 年 2 月 2 日，时任"台湾警备总司令部总司令"的黄杰给台北宪兵队的签发命令：根据国民党军事法庭决定，将于 1959 年 2 月 4 日，对经三审判处死刑的刘光典执行死刑。

接到这一命令，台北"宪兵司令部"立即对如何将"叛乱犯刘光典"执行死刑做了布置。他们派出一队宪兵，从中挑选了四名宪兵为执行刽子手。这几个宪兵都是杀害中共人士的老手，他们个个以杀人为乐，贪得无厌，为的是杀人后领取红包去吃喝嫖赌。为了防止行刑当天出意外，他们还在去往刑场的途中布置了警戒人员。另外，按黄杰命令，确定国民党军事检察官金士祥为监刑官。同时，宪兵队还联系了殡葬工，用以处理后事。在此卷宗中，我还发现了另一重大情节，就是父亲刘光典壮烈牺牲的地点并非在台北马场町行刑场，而是另一个刑场，台北新店安坑刑场。新店位于台北市南郊，境内大多为山区地形。新店的名称起源于清朝乾隆年间，距今三百多年前。当时来自福建省泉州地区的林某等人，在通往乌来山区的道路旁架设小屋，开设店面，销售杂货或与山区原住民交换货品。由于商店没有正式名称，人们习惯以"新店"称呼之，而成为此地地名。在此之前，蒋介石集团杀害的中共人士均在马场町刑场执行，到了后期，他们将刑场改在新店安坑刑场。

杀害父亲时，为了制造恐怖气氛，"宪兵司令部"按黄杰的要求，在新店刑场张贴了处决父亲的公告。1959 年 2 月 4 日这一天，按中国节气是立春，春天应该是万物复苏的日子，春天应该是洒满和煦阳光的日子，春天是充满生气的大好时光。但此时的台北，在国民党、蒋介石反动集团的统治下，到处乌云密布，抬头不见太阳，低头不见阳光，乌云笼罩，呈现出一片悲壮的气氛。凌晨 5 时，关押父亲的监牢大门被打开。在牢房门口、牢房院落里、大门口内外，到处布置有国民党宪兵，他们荷枪实弹，身穿宪兵服、头戴白色钢盔，个个杀气腾腾。凌晨 5 时 15 分，一个军官带着宪兵队来到关押父亲的囚室门外。狱警用钥匙打开牢房的大铁锁，宪兵如狼似虎地冲进牢房，摘下父亲身上的手铐脚镣，用一根麻绳将父亲五花大绑起来，并将早已准备好的写有

"刘光典"三个大字的长方形牌子挂在他胸前,然后将父亲带出牢房。这时,执行官金士祥来到父亲面前,当场向被凶神恶煞般的宪兵们簇拥着的父亲出示死刑执行书,他凶恶地读道:"案犯刘光典,你的案子已判决,决定今天执行枪决,有何遗言吗?"父亲目光坚定,至死不渝,做出人生的最后选择:为革命牺牲,他从容不迫地听完金士祥的话后,毫无惧色地回答:"没有。"然后,金士祥要求父亲在执行书上签字并按上手印。刘光典知道他的生命即将结束,他抬头望了一眼灰蒙蒙的天空,深深吸一口气,从容地在执行书上签下了他的名字。

此时,一名摄影者来到父亲面前拍照。在敌人的镜头前,身材高大的父亲刘光典面无惧色,保持着他那稍稍向右侧歪着头的姿势。此时,他虽然在旗山深山坚持斗争,度过近四年艰苦的逃亡生活,又经国民党五年牢狱摧残。但是,这一切都没能削弱他的革命信念、没能摧毁他的革命意志,更没有任何力量,能够让他低下那颗英雄无悔的高傲的头。只见那四个个头矮小的宪兵,紧张地紧紧抓住父亲刘光典。父亲面对相机,微微向右歪着头,轻蔑平静地对着敌人的镜头,留下了他那牺牲前的最后一张大义凛然、永垂青史的照片。拍照后,国民党宪兵立即将父亲推上汽车,押送到台北新店安坑刑场。到达刑场后,父亲迈着稳重的脚步,被宪兵押着一步步走到一个小土堆的西面,他面向土堆,背朝行刑人员,等待着走完生命的最后一步。就在这个地方,蒋介石、国民党反动集团的爪牙,疯狂杀害了成百上千名中华英雄儿女。就在这个地方,英雄的父亲刘光典将与成千上万名革命先驱一样，毫无畏惧、无怨无悔、步履坚定地走完人生的最后一程。

眼前的土堆里，散发出微微的血腥味，天空中布满乌云，不时飘下丝丝雨滴。父亲头脑中思索着没有完成的任务，想着今后谁来继续从事解放台湾的任务……只听到行刑官一声嚎叫："预备！""乒乒、乒乒"四声枪响后，父亲倒在了那个土堆上。

国民党当局的摄影者又拍下了另一张更加令人震撼的照片，已经牺牲的父亲刘光典烈士，仰面躺在宝岛台湾的大地上，双目怒睁，死不瞑目！随后，一份报告打给蒋介石，报告中写道"刘光典四弹毙命"，同时附有父亲生前及牺牲后的照片。这就是我从《刘光典叛乱案》卷宗中了解到的父亲1959年2月4日在台湾为了中国革命胜利、为了伟大祖国统一而献出生命的详细情景。

以上两张照片我过去曾多次看到，但这两张照片拍照时的真实情况，直到2014年夏我才了解清楚。从第一张照片看，父亲面对即将到来的牺牲，那视死如归、大义凛然的形象，没有给中国共产党、中国人民解放军、中国革命者、中国共产党领导的隐蔽战线战士丢脸！相反，父亲刘光典给我们子女留下了终身学习的美德，留下了无可估量的精神财富。他用他的鲜血和生命，为我们换来烈士后代这一崇高的荣誉。

接着，我在父亲的所谓叛乱的综合材料中，又看到蒋介石集团及其爪牙们的毫无人性、令人发指的罪恶行径。他们以父亲遗体无家属认领为由，将英雄的遗体送到军事医学院解剖。由此可见，蒋介石集团对中共隐蔽战线的战士刘光典是多么仇恨。他们不但要夺去英雄的生命，还要对英雄的身躯施以污辱与残暴。几十年来，在追寻和探索父亲生活轨迹时，我聆听过父亲感人的英雄事迹，了解到父亲经历过的艰辛和苦难，看到过他被刽子手押赴刑场及牺牲后的照片。虽然有些情节会引起我的沉默，或者会令我产生难过与伤感，但是我从没有落过眼泪。而当我看到此情此景时，我再也控制不住眼中的泪水。这泪水是对我的父亲遭到蒋介石集团及其爪牙们如此摧残的伤心，是几十年来一直压抑在心中的悲痛的发泄，是多年来百感交集情绪的总爆发！我那止不住的泪水，洒在父亲的所谓叛乱的综合材料的纸面上，使得文件中的文字与图片在我眼中变得模糊一片。过去，我曾听到过蒋介石集团及其爪牙们用此种兽行残害被他们杀害的烈士们的遗体，但未曾想到他们竟然如此对待我们的亲生父亲，这杀父之仇不能不让子孙后代永远铭记！

十几年来，我们在搞清有关父亲刘光典的这一典型案件的过程中，了解到 20 世纪 50 年代，发生在国民党、蒋介石占领下的台湾，国、共两党之间在隐蔽战线进行的一场激烈的斗争。在这场斗争中，由于种种原因，大量中国共产党的精英，包括我们的父亲刘光典在内，牺牲在蒋介石、蒋经国集团的屠刀下，使得中国共产党领导的革命事业及隐蔽战线受到前所未有的惨痛损失。

经过多年的寻找、探索，我查阅了大量有关父亲刘光典的相关文件、资料。这些文件、资料基本上完整、真实地还原了父亲的一生。这是经过几十年的努力，花费了大量时间、精力、财力、物力、体力、脑力而达到的结果。与此同时，也得到了方方面面的朋友及有关部门的领导和工作人员的支持、帮助和鼓励，这也为我们能完成这部著作打下了基础。这部著作的完成，也为了解和研究中国共产党于1950年前后，在台湾进行地下工作的情况及惨烈的斗争历史，提供了一份翔实的、生动的材料。2008年11月，我们姐弟三人来到台北，从台湾取回父亲的一半骨灰，安放在北京八宝山革命公墓骨灰陈列堂，另一部分留在台北。我们想，待到祖国统一时，我们再把两部分骨灰合在一起。

2009年初，从台湾回来的两名中共隐蔽战线工作者和烈士后代向原中央党史研究室提出建议，修建一座在台北牺牲烈士的纪念场所。2012年经中央批示，有关部门负责修建。2013年10月，无名英雄纪念广场在北京西山落成。广场上有主碑文及5块铭文，由刘和平起草、许嘉璐审定。

纪念碑前方、左右两侧等位置，另刻有"光影"、"家国"、"忠魂"、"信义"、"追梦"五段极富诗意的铭文。

《光影》：黑暗里，你坚定地守望心中的太阳；长夜里，你默默地催生黎明的曙光；虎穴中，你忍辱负重，周旋待机；搏杀中，你悄然而起，毙敌无形。你的名字无人知晓，你的功勋永垂不朽。你们，在烈火中永生。

《家国》：我们把祖国唤为母亲，我们把战友视作兄弟，为了家园不再遭受荼毒，为了亲人不再蒙受苦难，选择远行，选择战斗，追求光明，追求和平。

《忠魂》：像绽放的礼花，短暂、绚丽、炽烈，一个个鲜活的生命、激扬的青春，照亮前行的长路，消失在胜利的前夜。是归去的背影，挺拔、伟岸、坚毅，一腔腔喷薄的热血、果敢的勇气，冲破重重迷雾，屹立于高山之巅。

《信义》：因为皈依信仰，坦然面对生死；因为心怀大爱，无悔血沃中华。中共地下党员钟浩东夫人蒋碧玉面对保密局特务平静地说：我们难逃一死，但是，我们能为伟大的祖国、伟大的党在台湾流第一滴血，我们将光荣地死去！

《追梦》：你说热的心会把冰雪融消，你说战士的坟墓比奴隶的天堂更明亮，你说生命是飘扬的旗帜，灵魂是嘹亮的号角，你说为了免除下一代的苦难，我愿意把牢底坐穿，你说愿心血化为光明的红灯，将黑暗的大地照得亮亮的，你说我们是天生的叛逆者，要把这不合理的一切打翻，你说你已深深体验着"真实的爱"与"伟大的感情"，你说，我们爱我们的民族，这是我们自信的泉源。……这声音响彻天际，回荡在耳边，梦想永远铭记，生命从未终止，所有阳光灿烂的日子里，我们同在！

广场正中昂然屹立一块长 14 米、高 4 米的纪念碑，正面是 5 组浮雕，再现中共隐蔽战线的 5 个突出战斗场景；浮雕前是以吴石、朱枫、陈宝仓、聂曦为原型的英雄塑像，用大实大虚的艺术手法展现了隐蔽战线先烈的丰功伟绩。

花岗岩墙壁上刻着到目前为止、经各方查找发现的 846 个当年牺牲于台湾的烈士以及被处死人员的名字。名字以阴文素镌，若隐若现，既暗合了隐蔽战线的斗争特质，也彰显其淡泊名利的高尚品格。其中更有许多留白和空格，以便未来发现新的英烈名字可以随时增补上去。父亲刘光典的名字刻在北面的花岗岩墙壁上。

20世纪50年代前后，发生在台湾的这段感天地、泣鬼神的斗争历史基本上公之于众，也为我几十年寻找父亲刘光典生命足迹的工作画上了一个完满的句号。

2010年6月初稿于二七剧场路3号

2011年8月修改过三稿于王府井东安门大街28号

2013年3月修改过五稿于北京精忠街18号

2014年6月修改过六稿于北京精忠街18号

2016年5月修改过七稿于北京精忠街18号

2016年11月13日修改过八稿于北京精忠街18号

2018年6月最后修改于北京北新桥三条前永康一巷2号

2022年5月校订于北京东城新中西街